国外农业丛书

主编 晋保平 张宇燕

国外的农村金融

应寅锋 赵岩青 编著

中国社会出版社

图书在版编目(CIP)数据

国外的农村金融/应寅锋,赵岩青编著.
—北京:中国社会出版社,2006.9
(国外农业/晋保平,张宇燕主编)

ISBN 978-7-5087-1536-0

Ⅰ.国… Ⅱ.①应… ②赵… Ⅲ.农村金融-概况-外国
Ⅳ.F831.2

中国版本图书馆 CIP 数据核字(2006)第 114960 号

丛 书 名:国外农业
主　　编:晋保平　张宇燕
书　　名:国外的农村金融
编 著 者:应寅锋　赵岩青
责任编辑:寿　璐

出版发行:中国社会出版社　　邮政编码:100032
通联方法:北京市西城区二龙路甲 33 号新龙大厦
电　话:(010)66080300　(010)66083600
(010)66085300　(010)66063678
邮购部:(010)66060275　电　传:(010)66051713
网　　址:www.shcbs.com.cn
经　　销:各地新华书店

印刷装订:北京华创印务有限公司
开　　本:140mm×203mm　1/32
印　　张:5.25
字　　数:120 千字
版　　次:2006 年 9 月第 1 版
印　　次:2014 年 7 月第 5 次印刷
定　　价:8.00 元

建设社会主义新农村书屋

总顾问：回良玉

编辑指导委员会

主　任：李学举

副主任：翟卫华　柳斌杰　胡占凡　窦玉沛

委　员：詹成付　吴尚之　涂更新　王英利

　　　　李宗达　米有录　王爱平

农民看世界图书编辑委员会

主　任：晋保平

副主任：王英利　张宇燕　赵　睿　赵一红

国外农业丛书

主　编：晋保平　张宇燕

副主编：赵　睿　应寅锋

总序　造就新农民 建设新农村

李学举

党的十六届五中全会作出了建设社会主义新农村的战略部署。在社会主义新农村建设过程中，大力发展农村文化事业，努力培养有文化、懂技术、会经营的新型农民，既是新农村建设取得进展的重要标志，也是把社会主义新农村建设不断推向前进的基本保证。

为落实中央的战略部署，中央文明办、民政部、新闻出版总署、国家广电总局决定，将已开展三期的“万家社区图书室援建和万家社区读书活动”由城市全面拓展到农村，“十一五”期间计划在全国三分之一以上的村委会开展农村图书室援建和读书活动，使两亿多农民由此受益，让这项造福城市居民的民心工程同时也造福亿万农民群众。中央领导同志对此十分重视，中共中央政治局委员、国务院副总理回良玉同志作出重要批示：“发展农村文化事业是新农村建设的重要内容，也是农村发展中一个亟待加强的薄弱环节。在农村开展图书室援建和读书活动，为亿万农民群众送去读得懂、用得上的各种有益书刊，对造就有文化、懂技术、会经营的新型农民，满足农民全面发展的需求，将发挥重要作用。对这项事关农民切身利益、事关社会主义新农村建设的重要活动，要精心组织，务求实效。”

中共中央政治局委员、中央书记处书记、中宣部部长刘云山同志也作出重要批示。他指出："万家社区图书室援建和万家社区读书活动，是一项得人心、暖人心、聚人心的活动，对丰富城市居民的文化生活、推动学习型社区建设发挥了重要作用。这项活动由城市拓展到农村，必将对丰富和满足广大农民群众的精神文化生活，推动社会主义新农村建设发挥积极作用。要精心组织，务求实效，把这件事关群众利益的好事做好。"

为了使活动真正取得实效，让亿万农民群众足不出村就能读到他们"读得懂、用得上"的图书，活动的主办单位精心组织数百名专家学者和政府相关负责人，编辑了"建设社会主义新农村书屋"。"书屋"共分农村政策法律、农村公共管理与社会建设、农村经济发展与经营管理、农村实用科技与技能培训、精神文明与科学生活、中华传统文化道德与民俗民风、文学精品与人物传记、农村卫生与医疗保健、农村教育与文化体育、农民看世界等10大类、1000个品种。这些图书几乎涵盖了新农村建设的方方面面。"书屋"用农民的语言、农民的话，深入浅出，使具有初中文化水平的人就能读得懂；"书屋"贴近农村、贴近农民、贴近农村生活的实际，贴近农民的文化需求，使农民读后能够用得上。

希望农村图书室援建和农村读书活动深入持久地开展下去，使活动成为一项深受欢迎的富民活动，造福亿万农民。希望"书屋"能为农民群众提供一个了解外界信息的窗口，成为农民学文化、学科技的课堂，为提高农民素质，扩大农民的视野，陶冶农民的情操发挥积极作用。同时，也希望更多有识之士参与这项活动，推动农村文化建设，关心支持社会主义新农村建设。

前言

金融是现代经济的核心，其所提供的服务遍及社会生活的方方面面，随着市场经济的发展以及金融服务功能的拓展，金融已经成为当今社会经济资源配置的核心。金融服务业的发展为世界各国经济的运行与发展不断注入新鲜的血液与活力。

在整个金融体系当中，农村金融是其中重要组成部分之一。之所以这么说，主要是由于以农业为主的农村经济，在当今世界的经济发展中有着举足轻重的作用，它涉及到国民经济的各个部门，是整个国民经济发展的基础。而农业与农村经济要想获得发展，最根本的一条就是必须依靠资金的支持，而为农业以及农村经济发展提供贷款资金、财务划拨结算以及农业保险等各种类型的金融服务正是农村金融部门的主要职责。

农村金融与农村经济关系密切，表现为农村经济决定农村金融，农村金融影响农村经济的发展。农村生产力发展水平与农村商品经济的发育程度决定农村金融活动的规模与发展程度。农村金融在整体经济的关系中一直居于从属地位，其基本功能是满足经济发展过程中的生产需求、投融资需求和服务性需求，它绝不能凌驾于农村经济发展之上，不能脱离农村经济和农业生产状况而盲目追求自身的发展。反过来，农村金融又是农村经济运行的中心，通过融通农村货币资金，优化配置农村社会资源。它既关系到农村物质技术基础、生产条件的改善、生产要素投入的增加及其组合利用程度，又关系到现代科学技术的应用以及农村资源开发利用和农业生产结构的调整，影响农村经济市场化和现代化的进程。农村金融是农村资金的总枢纽。农村中各种类型的生产经营活动所需要的资金与农村金融活动密不可分。

显而易见，无论是发展农业生产，还是促进农村经济的增长以及农民生活水平的提高，都离不开农村金融的支持。农村金融作为农村经济发展中最为重要的资本要素配置制度，其作用越来越明显，农村金融兴，则农业兴；农村金融活，则农业活。

本书中选择的国家都较为典型，既有美国、日本及欧洲等发达的国家和地区，也有韩国、印度、印尼、孟加拉等我们的邻国的发展状况，还有南非、巴西、墨西哥等虽然经济较为发达但仍有较多贫困人口的国家，而且还包括了乌干达、尼日利亚等较为贫困的国家和地区，希望可以取其精华、去其糟粕，能够为我国农村金融的发展提供经验借鉴。近些年来，随着世界经济的发展，农业的地位以及反贫困问题日益突出，世界银行、亚洲开发银行以及国际发展基金会为此也纷纷开展项目向众多的发展中国家和地区提供资金支持，因此，本书还向大家介绍了国际组织在农村金融当中的作用。

本书由中国社会科学院研究生院的应寅锋博士和中国农业大学经济管理学院的赵岩青博士负责总编纂，参与本书编写的人员还有：中国农业大学经济管理学院的王玮、杨雪、耿晔强博士以及沈阳农业大学经济贸易学院的武翔宇博士等。在本书的编写过程中，得到了中国社会科学院研究生院的晋保平书记、中国社会科学院人口与劳动经济研究所的蔡昉研究员以及中国农业大学经济管理学院农村金融与投资研究中心主任何广文教授的悉心指导与鼎力支持，在此表示最诚挚的感谢。文中的一些观点与写作内容难免有失偏颇，还请有关专家、学者以及广大的读者多多批评指正，在此表示衷心的谢意。

编者

2006 年 5 月

目 录

第一章　世界农业和农村金融概况

从原始社会的“刀耕火种”到现代社会文明的快速发展，人类经历了漫长的发展过程。在这个过程中，农业一直是我们日常生活的基础，为我们的衣、食、住、行提供各种产品，不仅如此，农业还为工业、商业、服务业等其他一系列社会生产活动提供发展所必需的动力与源泉。然而由于农业本身所具有的生产周期长、易受自然环境影响、生产不稳定等特性，直接影响了农业生产的发展和农民生活水平的提高。这也决定了农业的发展必须有大量资金的扶持。无论是发达国家还是发展中国家，农业的发展都离不开资金的支持。

农业生产、农民生活所需要的资金除了政府进行财政资金的拨付、农户自有资金之外，很重要的一个来源就是银行、信用社等金融部门对农业与农村发展的资金扶持。在本章里主要介绍一下当代世界农业的发展特点，在此基础上为大家介绍农村金融对支持农业、农村经济、生活发展所起的作用以及世界其他国家和地区农村金融的发展历史、现状等。

第一节　农业的发展离不开农村金融的扶持

农业是人类直接利用包括动、植物在内的各种生物资源，在太阳能、土壤、气候、水等自然资源作用下通过人类的辛勤劳动所进行的生产活动。农业是整个国民经济的基础，它不仅为我们的衣、食、住、行等日常的生活提供生存的必需品，而且为工业、建筑业、商业、餐饮业等一系列的产业提供原料与劳动力，从农业中独立出来的其他国民经济部门的进一步发展必须依赖于农业的稳步发展，这是人类社会发展的普遍规律。

一、农业所具有的特点决定了其需要资金的扶持

同其他产业相比，农业具有不稳定性、弱质性、外部性等一系列的不利条件，正是这些特性的存在，导致从事农业生产的人员的收入往往不高，降低了从事农业的积极性，也正因如此，农业需要大量资金的注入与扶持。

1. 农业的不稳定性

首先，由于农业的自然再生产与社会再生产交织在一起，使得农业受自然条件影响较大，而自然条件是变化无常的，因此农业生产也相对不稳定。

众所周知，农业本身具有周期性，无论是农作物的种植时间还是猪、牛、羊等动物的出栏时间，一般都要经历较长时间，这就使得农业生产不像工业、商业或是其他服务业那样容易做出调整，但也会导致农业的波动。

其次，农产品大多不易保存，且储藏费用较高，所以一般都是收获后立即出售，即使市场价格低廉也要卖出；反之，当市场上某种农产品稀少时，虽然市场价格高，但在本期内由于农产品生产周期长，短期内无多余产品供应市场，无法满足市场需求，即使有好的赚钱机会也无法把握住。这也是导致农民收入较低的原因之一。

再次，社会整体经济环境的变化，易对农业造成冲击。在整个社会的经济发展达到繁荣时，由于从事农业生产的收入较低，一般会有相当部分的劳动力涌向工业、建筑业等非农产业，在经济利益的驱使下有可能造成耕地的撂荒；反之，当经济发展比较萧条时，由于各个行业用人较少，易造成农业的剩余劳动力转移困难，也会

造成农民收入的减少。

2. 农业的弱质性

在与工业、建筑业、商业等其他产业的竞争当中，农业往往处于相对不利地位。比如，同样的土地用于建筑或是工业给人带来的收益远远高于农业，这在一定程度上会造成农业用地的流失加剧；由于从事纯农业的收入较低，使得农村中较高素质的劳动力和农村中的资金倾向于流失到非农产业，造成农业的发展后劲不足；相对于其他非农产业来说，农业科研周期较长，而且在短期之内往往得不到回报，因此往往对农业的科技投入不足，造成农业的技术进步相对缓慢，相当地区的农业生产还处在人力耕种、靠天吃饭的较为落后的生产环境当中，造成农业的生产效率较为低下；当人的生活条件逐步改善时，必然会逐步减少对初级农产品的需求；加之农产品不耐储运的特点，使得农产品的交易成本加大等等，都会使得农民收入增长缓慢。这样的例子还很多，这正说明农业所具有的弱质性，而要解决这些问题离开“钱”是不行的。

3. 农业的外部性

外部性，听起来是一个很陌生的词汇，但实际上它离我们并不远，它是指所从事的某些经济或社会活动能使他人得到附带的好处或受到损害，而得到好处的人或受损失的人无需付出相应的报酬或无法得到相应的赔偿。

所从事生产活动的人并没有主观意愿去给别人带来好处或是给别人带来损害。得到好处的叫做“正外部性”，受到损失的叫做带来“负外部性”。农业的外部性有正有负，如图 1–1 所示，涉及许多方面。

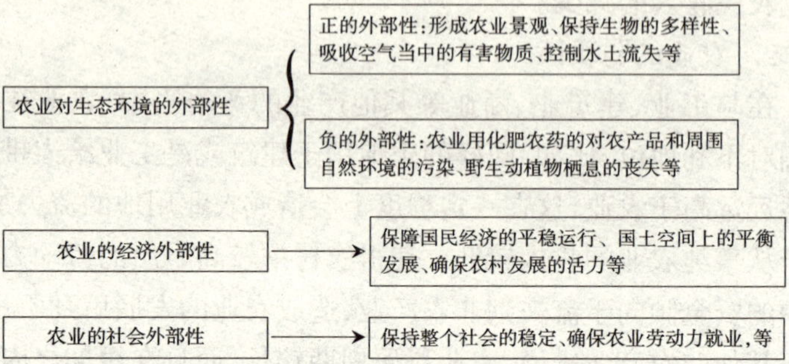

图 1–1 农业的外部性特征

在没有特定的政策干预或是特殊制度安排的情况下(比如,对带来正外部性的活动给予补贴或是其他方面的资金奖励，而给带来负外部性活动的主体施加罚款或征收高额的税款),从事经济活动的主体既没有获得来自正外部性的经济补偿，也没有负担所应承担的相关费用,从整个社会来看,对资源的使用与安排没有达到最佳状态,会引起社会福利的下降。

正是由于农业生产活动所具有的上述特点，使得单单依靠市场上的经济手段来调节农业生产经营活动必然会带来社会福利的下降与效率的损失，单单依靠市场机制是不能有效解决这些问题的，需要国家在市场配置资源的基础上采用一定的政策手段加以调节(政府给予相关经济活动主体以补贴或政策性贷款),以及其他社会经济部门的扶持与援助(如银行、信用社给予农业和农民的贷款)，只有这样才能保证农业的发展与农村居民生活水平的提高。

二、当代农业的发展离不开资金支持

1. 科技进步对现代农业的作用日益凸现

科学技术是第一生产力,20 世纪的农业发展充分证明了这一科学论断。无论是大型机械对人力的替代、高效合成农药的诞生和使用、生物技术的推广，还是“绿色革命”培育出的一大批小麦、水稻、玉米等高产新品种都为农业产量与劳动生产率的提高做出了巨大的贡献。这些以技术突破带动产业革命的重大事件构成了当代农业发展的主旋律。目前，从20世纪下半叶就开始出现的以生物技术和信息技术为主体的新农业科技革命浪潮正汇聚和引导一场新的农业技术革命。

2. 农业的一体化经营提高了生产效率，拓展了农业的发展空间

在世界农业发展进程中，各国都根据自身的资源禀赋和经济社会条件，不断探索传统农业向现代农业转变、粗放式经营向集约式经营转变的途径和方式。农业一体化经营既是用现代经营理念改造传统农业的结果，也是农业和国民经济发展到一定阶段的必然要求。

农业的一体化经营，是适应生产力发展的客观需要，它改变原有的农工分别经营管理的模式，按照“公司＋农户”、“合作社＋农户”等方式，以一体化联合、参股、契约为纽带，把农业与工业、商业、金融、信息咨询等有关产业部门，以及种养、加工、销售各环节紧密结合，形成相互促进、相互制约、互利互惠的农工利益共同体。这种利益共同体促进了农产品的加工、销售。在农业产业一体化经营的利益共同体内，各个利益主体依据其所处地位和发挥的作用，都可以从产业一体化经营中获得应有的收益。

顺应农业一体化经营的发展要求，许多国家都根据形势的变化，按照市场经济和产业发展的规律，调整和变革政府的农业管理体制，变分割管理为一体化管理，使农业产前、产中、产后、生产、生活、生态，国内市场和国际市场有机地结合在一起。

3. 实现农业的可持续发展已经成为共识

由于世界经济发展的不平衡性，21世纪世界农业的发展将呈

多层次的格局，但是自然资源是有限的，不可能任人类肆意开采与使用，这就迫使农业的发展方式、类型必须跟上时代的脉搏。在这样一种背景之下，农业的可持续发展被提上议事日程便是理所当然的了。

所谓农业的可持续发展，是指采取某种使用和保护自然资源基础的方式，实行技术变革和体制改革，以确保当代人及其后代对农产品的需求得到不断满足。简单地说就是不仅要满足我们这代人对各种农产品的需求，还要使我们的子孙后代有饭吃。这种可持续的发展(包括农业、林业、牧业和渔业)旨在保护土地、水、动植物遗传资源，并不造成环境恶化，要为我们子孙后代的发展留下足够的空间。农业是经济再生产与自然再生产的统一，发展农业既要遵循经济规律，也要遵循自然规律。

科学技术的推广以及先进经营管理方式的采用，使得农业以一个崭新的面貌呈现在我们的面前，可以相信在未来农业还必将有着更为广阔的发展空间。但是，资金积累不足，却是目前发展中国家其至发达国家的农业普遍存在的问题。这是因为：

其一，发展中国家的传统农业，农产品商品率低，由于农业所具有的特点使得农民靠农业所获得的收入一般较少，光靠农民自身的经济实力无法采用新的生产技术以提高生产效率，自然生活水平也就无法得到提高。这就直接限制着农业的发展和农业现代化的实现。

其二，发达国家的农业，虽然商品化程度高、资金周转较快，但在农业现代化过程中，采用新技术、新的生产设备都需要资金的大力扶持，加之一般采取规模化的经营方式，资金短缺的现象也是时常发生的。

无论是现代科学技术转化为现实的农业生产科研成果，还是向纵深发展的一体化经营以及农业的可持续性发展，除了所处社会的经济发展背景、农产品市场发育程度、科学技术、经营管理等因素之外，最重要的一条还是要有资金的支持。纵观世界各国农业发展所需的资金来源，在经济较为发达的国家其资金主要来源于商业银行、政策性银行以及合作金融等金融机构的大量信贷性资金；而在发展中国家，由于经济发展水平较低，加之市场发展的不完善，农民或是农村中小企业取得资金都有一定难度，银行等商业性金融机构所发挥的作用不大，因此在这些国家的农村金融领域里，政策性金融或是政府对农业的支持政策起了较大作用；而在一些更为不发达的国家，诸如“小额信贷”等福利性金融产品的推出，成为贫困农民获得资金支持的重要渠道。

由此可见，实现农业现代化、科学化的中心问题之一就是要增加对农业的投资，使农民获得更多的资金支持。

三、农村金融是支援农业与农村经济发展的主力军

纵观世界各国农业生产的发展，凡是农业生产取得极大发展的，无一不是获得了较多的资金支持，而支持农业与农村的资金主要还是来自于各种形式的金融机构。为什么这么说呢？让我们来看一下农业与农村经济发展所需资金的来源情况：

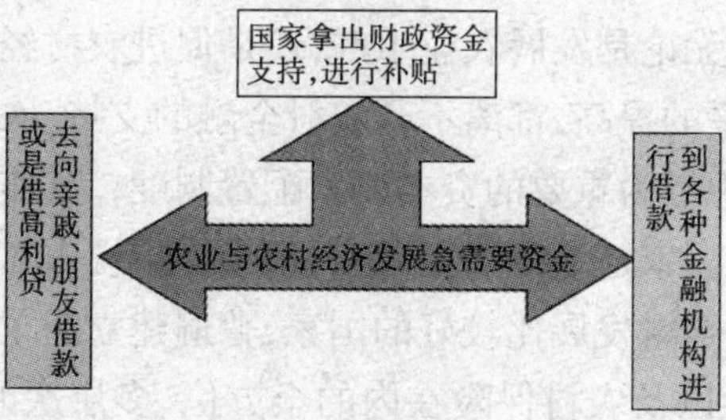

图 1-2　农民所需资金的主要来源情况

国家拿出财政资金支持。为了支持农业发展，政府一般会给农民或者农业以较多的资金补贴，但这不是长久之计，因为，同金融机构的资金量相比，国家的资金比较有限，而且国家的资金还要用在生产生活等更多的方面。

向亲戚朋友借款或是借高利贷。亲戚朋友之间的借款一般不收取利息，而且用起来比较方便，这是它的好处。但是，一般亲戚朋友之间借款的数额不会很多，平时应急还可以，但是如果要想使农业生产或是农村经济获得进一步发展，就必须要有足够的资金来支持，亲戚朋友之间显然无法满足这一需求。去向高利贷借款，虽然金额能够满足需求，但是利率过高，会给农民带来沉重的负担，而且任意其发展也会扰乱经济和社会环境。很显然，这一条路也走不通。

到各种金融机构借款。不但数额能满足其需求，而且政策性金融或是合作金融还能给农民提供一些诸如“信息咨询”之类的服务。虽然要付利息，但这样可以提高资金的使用效率。所以，支持农业发展，金融机构的信贷资金还是主力军。

农业是基础性产业，农业生产为其他产业的发展提供原材料和富余劳动力，是社会经济发展的物质基础。世界各国、各地区从战略高度上给予农业大力支持，资金倾斜尤为明显。

综上所述，无论是发展农业生产，还是促进农村经济的增长以及农民生活水平的提高，都离不开农村金融的支持。农村金融作为农村经济发展中最为重要的资本要素配置制度，其作用越来越明显，无论是发达国家还是发展中国家，都十分重视农村金融体制建设。在一些农村金融发展比较好的国家，普遍建立起了包括政策性金融、合作金融以及农村保险在内的全方位、多层次的金融体制，建立起了支持农村建设资金循环的长效机制，较好地支持了农村和农业发展。

第二节 农业信贷资金的含义和分类

一、农业资金的概念

农业资金,从广义上来说是指国家、个人或社会其他部门投入农业领域的各种货币资金、实物资本和无形资产,以及在农业生产经营过程中形成的各种流动资产、固定资产和其他资产的总和。广义的农业资金实际上也就是用于农业生产和农村经济发展的各种财务和资源的总和,并且总是以一定的资金、财产和其他权利的形式存在。农业资金是指社会各投资主体投入农业的各种货币资金。我们通常所说的农村资金,主要是指货币资金。

按照农业资金的来源(或投资主体)进行分类,农业资金可以分为五大类:

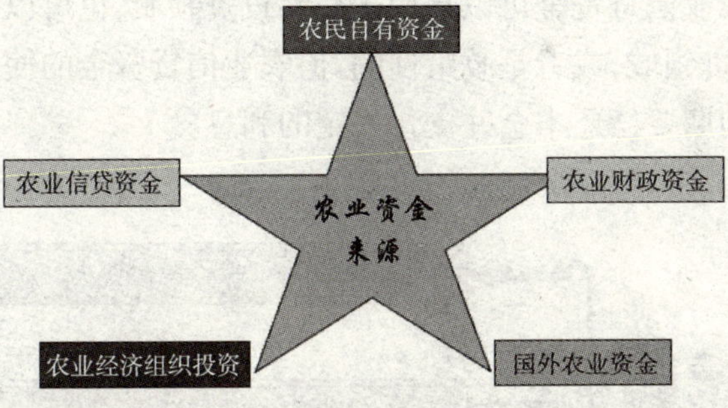

图 1–3 农业资金来源的五大渠道

1. 农民自有资金

农民是最主要的农业生产经营主体，也理所当然是农业资金的最主要的投资主体。农民用于农业的资金涉及到农业生产的方方面面:从种植作物、施肥、打药、收割、销售等环节,都要有农民的付出。由于农民资金的有限性，一般当农民扩大生产时，往往需要寻找其他的资金来源渠道。

2. 农业财政资金

农业财政资金是政府为了支持农业发展而拨付的各项农业支出，包括农业科研推广、农业基础设施、农业公共服务等，还有国家为调控农业生产而直接发放的各种农业补贴。农业财政资金的使用一般是无偿的，直接由国家财政预算给付。一般发达国家由于经济基础雄厚，往往给予农业生产大量的补贴，例如，日本农业生产者收入总额中有 60%来自政府补贴；2000 年美国对小麦的直接补贴每吨 45 美元，玉米 27 美元；欧盟对每吨谷物的补贴为 55 美元。在 2000 年，欧盟每个农业生产者所接受到的补贴实际是 14000 美元，而美国则为每个农业生产者平均补贴了 2 万美元。

3. 农业信贷资金

农业信贷资金是金融机构或个人给农民融资所形成的各种农业贷款。农业信贷资金可以是用于公共投资领域，也可以是用于农业私人投资领域，或者是政策性的。但农业信贷资金的使用一般是有偿的，到期要偿还本金并支付一定的利息。

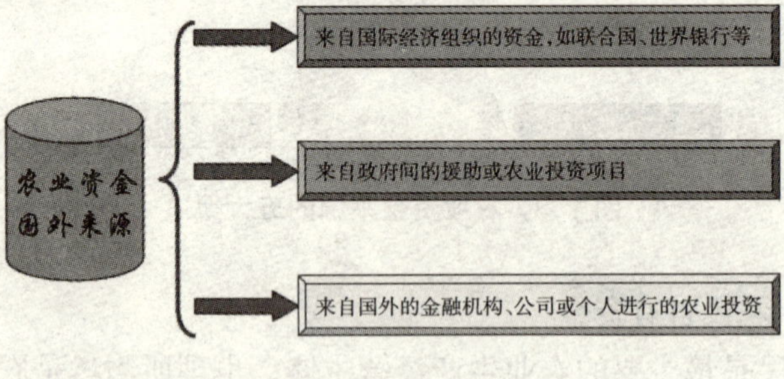

图 1–4 对农业进行支持的国外资金来源情况

4. 农业经济组织投资

除了农民以外,农业企业、农业经济合作组织等其他经济组织也是农业的一种经营主体,它们的投资也是农业资金的重要来源。

5. 国外农业资金

随着经济开放和资本的国际流动，来自国外的资本成为农业资金的一个新来源。

二、农业资金的特殊性

同其他行业的资金相比，农业资金由于与农业生产紧密结合在一起,因此具有自己的特殊性:

1. 农业资金的收益性较差而且风险较高

与发达国家相比，大部分发展中国家农业多处于农业发展初级阶段向现代化农业的转变过程当中,农业生产者生产规模小,经济力量有限，一旦遇上自然灾害等意外事故，生产就难以维持下去,甚至破产,农业信贷资金贷放具有高风险性和低收益率;工业化过程中工商业平均利润率水平相对于农业大幅提高，工商业资金贷放收益率相对较高,导致资金大量集中于工商业,原有的农业贷放资金包括农业政策性贷款资金大量流失，农业生产缺乏资金支持,农业生产规模化和产业升级无法实现,生产水平徘徊不前直至倒退,平均利润率下降,农业资金贷放收益水平随之下降,从而又促使农业资金进一步流失，形成农村金融和农业生产双衰退的不良循环。

2. 农业资金效益的外部性

农业生产不仅创造农业产品，而且附带较大的生态效益和社会效益。因此农业资金投入的收益就产生了外部性,也就是说,农业资金的投入不仅使农民受益而且还使社会其他部门也获得了额外的好处。

3. 农业资金往往和一定的农业政策联系在一起

无论是发达国家还是发展中国家，农业都是受保护和支持的产业。在市场经济条件下，政府往往通过农业资金来干预农业主体的行为，以各种农业补贴、公共投资、公共服务来达到国家发展农业的目的。

三、什么是农业信贷资金

1. 农业信贷资金的概念

农业信贷资金是指各种金融机构和个体信贷供给者投入到农业生产领域中的信贷资金。

这里的农业信贷提供的对象主要包括种植业、林业、牧业、渔业等农业生产行业的农业生产者，既包括农户，也包括农业生产企业。

这里的各种金融机构既包括正式的金融组织，如以银行为代表的商业性金融机构、政策性金融机构、以信用社为代表的合作性金融机构以及外资金融机构等，也包括非正式的民间金融组织和个体信贷供给者，比如农民在亲戚朋友之间的借款。

2. 农业信贷资金对于农业发展的作用

信贷资金是现代农业生产发展必需的一种生产要素。伴随着传统农业向现代农业和农业生产的社会化、专业化和市场化，利用农业信贷资金来推动农业技术改造，农业机械设备、温室、良种、农药等现代农业生产要素的投资，现代农业气象、通讯、交通、农业和农村基础设施等农业公共产品的投资都要依赖大量的资金，这些资金如果依靠农民自身的积累是很难完成的（农业公共产品不仅包括农业生产所用的水利灌溉等农业基础设施建设，还包括对农民的科学技术指导以及农业科技推广等。农村公共产品包括农村的水、电、道路等与农民生活相关的基础设施建设，还包括农村的各种义务教育与培训等，农村公共产品对于农业生产的发展、农民生活水平的提高有极大的促进作用）。除了国家财政对农村公共产品的投资外（发达国家有较雄厚的财力作保证，一般发展中国家由于财力有限，对农业与农村公共产品的投入往往不足），大量的投资还主要依赖从各种金融机构的借款。因此，农业信贷资金与现代农业的发展密不可分。

现代农业发展所依赖的农业技术进步、农业公共投资以及大规模的农业私人生产投资都离不开农业信贷资金的支持。

四、农业信贷资金的分类

一般地，可以按照农业信贷供给主体的不同，大致把农业信贷资金可以划分为以下四种类型：

1. 商业性农业信贷资金

是指由商业银行等金融机构针对农业生产所提供的信贷资金。营利是这类金融组织的主要目标，也就是我们通常所说的银行发放贷款主要是为了收取利息。无论是针对农业生产发放的贷款，还是对农业企业发放的贷款，其根本目的都是为了创造自身可获得的利润，因此其发放的贷款常常用于营利性较强的农业项目。由于农业生产的利润较低而且蕴含着较大自然风险，因此商业性金融机构发放的农业贷款一般较少。

2. 合作性农业信贷资金

这种类型的资金主要是由农业合作信贷组织提供。合作性农业信贷组织一般是由农业信贷的需求者按照合作制的原则组建的信贷组织。一些有农业信贷需求的农业生产经营者按照“共同出资、共同使用”的原则组成信贷资本金，只有内部成员才能享受到信贷服务，资金在内部成员之间相互调剂以满足其大部分的资金需求，并收取一定的费用（也就是利息）。与银行等商业性金融机构不同的是，合作性信贷资金收取利息是为了提高资金的使用效率，是为了自身的可持续发展，因此，它是以“营利性”与“服务性”为“双重目标”的。

农村信用合作运动开始于19世纪60年代，其目的是把农村中贫苦的小生产者和小经营者组织起来，通过信用合作进行自助、互助，抵御高利贷，并在其他金融机构不愿向农业提供信贷资金的情况下，解决农业中信贷资金的供应问题，而且随着社会经济的发展，合作金融在一些国家农业发展中居于主导地位，并对农业发展起着至关重要的作用，它既存在于经济发达国家，又存在于发展中国家。

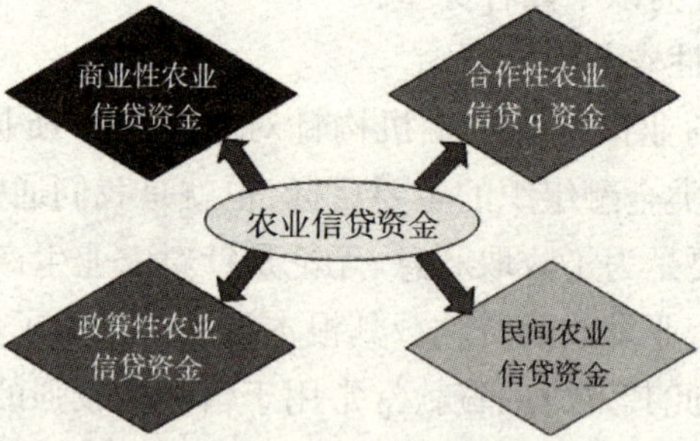

图1-5　农业信贷资金的四大来源

3. 政策性农业信贷资金

是指由政府的农业政策性信贷机构提供的农业信贷资金。考虑到农业的弱质性与风险性以及农业在国民经济中的重要地位，农业政策性信贷机构是由政府出资成立并经营，专门为农业提供政策性信贷资金的金融机构。

对于商业性金融机构，农业资金“低收益、高风险、高成本”的特性有悖于商业性融资的基本原则——追求贷放资金的安全性、营利性和流动性。鉴于此,商业性金融机构大多不愿发放农业性贷款,或在经济高涨时期将原有的农业性贷放资金投入到工商业等其他平均利润率高的产业,这在工业化过程中的发展中国家特别突出。因此通过农业政策性信贷为农业发展提供资金是纠正农业信贷资金市场失灵、调整和引导农业发展的一种有力的政策工具。

凡是农业生产比较发达的国家,农业政策性金融无一不起到巨大的支撑作用。法国农业信贷银行(世界上第一家农业政策性银行,于 1894 年成立)、美国农业信贷组织机构和农民家计局、日本的农林渔业金融公库、韩国的农业协同组合中央会和渔业合作社中央联合会等都是世界上著名的农业政策性银行,都为本国农业生产的发展、农业现代化水平的提高和农民生活的改善做出了卓越的贡献。

4. 民间农业信贷资金

是指由民间个人资金的供给者利用其自有资金为农业生产提供的信贷资金。民间借款的情况较为复杂,可大致上分为两种:

(1)亲戚朋友之间的"友情借贷"。一般不收取利息,借贷的范围仅限于相互了解、相互信任的亲戚、朋友或邻里之间,借款的用途可以是用于农业生产性投资,也可是用于盖房、疾病或其他突发性大额消费项目。

(2)个人以营利为目的发放的资金。民间借贷将自有资金贷给他人使用,并获取利息收益。收取的利息视市场利率而定,有些类似于古代的"高利贷"。

第三节 农村金融发展概述

简单地说,金融就是资金融通的意思。农村金融就是农村中以农业为主,包括农村中小企业等其他非农生产经营活动在内的领域，组织和调剂资金的活动。可以说，资金是农村金融的核心，是农村生产发展的血脉。

一、什么是农村金融

农村金融即农村货币资金的融通，指以信用手段进行筹集、分配和管理农村货币资金的活动。谈及农村金融的含义，主要有以下几点：

第一，这种金融活动是在农村这个特定的环境、条件下进行的，它活动的领域是农村，虽然商业金融是在城市，但其发放的贷款却是针对农业生产或是其他农村经济活动的，如果它所涉及的业务是针对工、商业的，那么便不应纳入农村金融这个体系之内。

第二，它采用的手段是信用。货币在不同主体之间的过渡是以偿还并增值为条件的，表现为融通资金余缺的借贷活动。

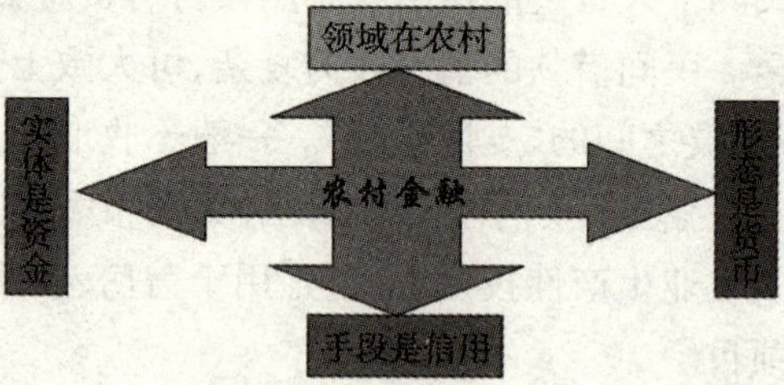

图 1–6　农村金融含义

第三，它作用的实体是资金，包括在循环周转中处于职能形态的资金，也包括处于闲置待用中潜在形态的资金，农村金融活动是围绕着资金这个实体面进行的。

第四，它表现的形态是货币，即所融通的资金是货币形态存在的资金，而不是以实物形态存在的资金，正像我们前面所说的狭义的农业信贷资金那样，不包括生产所用的实物资本。

农村金融，就是农村领域内相互联系、相互依存的以资金为实体、信用为手段、货币为表现形式的货币流通、资金运动和信用活动的统一，是全社会金融活动的一个重要组成部分。

二、农村金融与农村经济的关系

农村金融是农村经济发展的产物，农村经济状况决定着农村金融活动的范围、规模和质量。在市场经济的条件下，作为农村货币资金运用中信用关系总和的农村金融，渗透于农村再生产的全部过程，对以市场经济为基础的农村经济产生重大的影响。

1. 农村经济决定农村金融

金融是现代社会经济发展的核心，其诞生的根本目的就是为经济服务，是在市场经济的发展过程中不断发展深化的。

（1）农村生产力发展水平与农村商品经济的发育程度决定农村金融活动的规模与发展程度。在美国、欧盟、日本等发达国家和地区，由于经济发展水平较高，农业一般采取大规模的农场经营，科技含量较高，即使是日本虽然土地的经营规模不大，但由于现代生物技术的采用，因此一般农业发展所需的资金较多，靠农业合作金融、政策金融提供的资金显然无法满足需求。加之当地的市场发育充分以及金融制度发展比较完备，这就决定了其农业生产主要的资金来源是来自商业金融的一般农业项目贷款（在这里我们并不否认合作金融或是其他类型农业金融服务机构的重要作用，如德国的合作金融就很发达，还有韩国和日本农协所发挥的金融支持作用也很突出，在本书的后面几章会谈到这些国家的情况。我们只是说，在发达国家和地区，商业性金融所发挥的作用要大于其他形式的金融服务）。而正如我们在本书前面所介绍的那样，广大发展中国家和地区农业以及农民的生产经营水平较低导致农业生产利润低下，而且伴随着较高的农业生产风险，因此，商业性金融投资于农业的积极性受到一定程度的影响。在这些国家和地区，更多的是要发挥合作金融、政策性金融的作用。

（2）农业与农村经济效益的提高从根本上决定着农村金融效益的提高。随着传统农业向现代化农业的逐步转变，农业生产经营活动的经济效益也逐步提高。在发达国家，由于农业生产的劳动效率很高，现代化科学技术的广泛采用以及农业保险产品的强制性推出，加之国家给予农业以大量补贴，因此，农业的经营效益同工、商业比起来，利润相差无几，由于能够获利，金融机构一般愿意为农业提供资金支持，其所获利润的多少与农业生产和农村经济效益的提高有着直接的关系。

（3）农村金融的业务内容与发展速度取决于农村经济发展对资金的需求状况。农村居民对农业生产进行投资的资金缺口直接决定了农村金融提供资金的规模，以及提供什么样的金融产品来满足农业生产经营者的需求。

农村金融在整体经济的关系中一直居于从属地位，其基本功能是满足经济发展过程中的生产需求、投融资需求和服务性需求。不能凌驾于农村经济发展之上，不能脱离农村经济和农业生产状况而盲目追求自身的发展。

2. 农村金融反作用于农村经济

农村金融并不是农村经济的消极产物．它反过来又会影响生产。农村金融作为农村再生产的中间环节，对农村市场经济的发展又有着重要的影响。

(1)农村经济离不开农村金融的支持。随着农业生产以及农村经济的不断发展，无论是扩大农业生产经营规模，还是在科学技术指导下提高农业生产的经营效益，抑或是利用当地资源发展农村其他产业的经营活动，都需要大量资金的支持，既现实又可行的道路就是通过各种类型的金融机构提供资金支持。

(2)农村金融是农村经济运行的中心。农村金融通过融通农村货币资金来优化配置农村社会资源，它既关系到农村物质技术基础、生产条件的改善,生产要素投入的增加及其组合利用程度,又关系到现代科学技术的应用以及农村资源开发利用和农业生产结构的调整,影响农村经济市场化和现代化的进程。

(3)农村金融是农村经济的神经中枢。农村金融通过稳定农村货币流通,保证农村商品流通的正常进行。稳定农村经济,就需要稳定农村货币,这就要求流通中的货币量与商品量相适应,购买力总额与商品供应总额相适应。如果流通中的货币量长时间多于可供商品量,就可能出现物价上涨,影响农村经济的稳定、影响城乡居民的生活。

同时,货币流通不正常,也会影响农村存款的稳定增长,不利于动员农村资金,发展农村经济。因此,农村金融面临的又一个重要任务是调节货币流通,保持货币流通的正常化,为农村经济稳定发展,提供良好的金融环境。

以美国为例,美国是世界上农业最发达的国家,这与其有完备的农村金融体制密不可分。美国构建农村金融体制的基本原则是为农业发展提供资金支持。经过多年的发展,美国农村从整体上形成了多层次、全方位的金融体制,通过政府补贴、发展农村金融体系、增加农业贷款和农业生产社会化等各种渠道，为农业融通资金，满足农业发展的各种资金需要，为农业现代化提供了资金保障。

总之,农村经济的发展水平越高,资金供求量越多,农村金融市场和资金借贷活动也就越活跃，所以说农村经济发展水平是农村金融活动的起点。相应地,农村金融市场的开放和活跃,则又能有力地刺激和促进农村经济的发展，所以说农村金融活动的最终归宿是农村经济的发展。

三、农村金融的特点

农村金融有其他金融活动的共同点，但由于它主要活动于农村经济领域，为农村经济服务，决定了它有自身的特点。掌握农村金融的特点，有助于我们对农村金融的了解，更好地发挥其作用。

1. 涉及面广

农村金融在农村经济生活中处于中枢地位，农村货币资金运动和信用关系必然涉及到农村各个领域。无论你是从事农业（指广义的农业）的农民，还是在农村从事非农行业的其他生产经营者，你总会或多或少的、直接或是间接同各种资金打交道，因此必然会和银行、信用社或是其他形式的民间金融打交道。因此，农村金融不仅涉及农业，同时也涉及农村经济生活中的工、商业，不仅涉及农村，也涉及城市。农村经济的发展，扩大了农村资金供求规模，开阔了资金活动的领域，强化了农村金融对农村经济的影响力。

2. 风险较高

农村金融的这一特点，主要表现在以下几个方面：

第一，农业生产易受各种自然灾害的影响，使农业生产出现波动性和不稳定性。农业生产的这个特点，必然影响农村金融的稳定性，使农村金融机构开展业务的风险加大。

第二，农村货币资金周转慢和流通时间长。广大发展中国家和地区农村生产经营管理的水平较低，加之农村经济活动多受自然条件限制、农作物生产周期长，都给资金的周转速度带来一定的影响。

第三，同工、商业以及服务行业相比，农业所获得的利润较低。

3. 具有较强的政策性

无论是哪一个国家，农业都是国民经济的根本，国家为了支持农业生产的发展也为了提高农民的生活水平，都会在政策以及资金扶持上向农业倾斜。农村金融必须要紧紧围绕国家农业发展政策以及目标而开展工作。

4. 管理较难

总的来说,农村地域辽阔,地理、气候差别很大,各地区、各生产经营单位之间物质生产条件不一,劳动生产率高低有较大差异,这一点在发展中国家和地区表现得尤为明显。综合反映在农业生产上,具有不稳定性和资金需求的不平衡性,给农村金融管理带来困难。

四、农村金融的地位和作用

1. 农村金融的地位

(1)农村金融在农村再生产过程中处于中介地位。在市场经济的条件下,农业生产中所需要的各种物质资料的购买、农产品的销售以及农村非农生产经营活动都是通过货币资金的形式进行的。农村金融作为专门从事农村社会货币资金的再分配的信用中介,通过再分配闲置货币资金而实现对生产资料的分配,同时也通过动员这些闲置货币资金而影响消费资料的分配。农村金融的服务活动,一头服务于生产,一头服务于消费,把生产与消费环节联结起来。贷款发放到收回的这段时间,主要占用在生产环节;储蓄存款作为农村居民的待用货币收入,又与消费环节紧密相关;各项货币收支活动,更是贯穿于生产、分配、交换、消费各个环节的始终。农村中各项货币收支活动者是通过农村金融机构实现的,所以农村金融活动渗透于农村再生产的全过程。

(2)农村金融是农村资金的总枢纽。农村中各种类型的生产经营活动所需要的资金与农村金融活动密不可分。将农村闲置货币资金集中起来,代表着社会货币资金集中于农村金融机构;贷款的发放和存款的提取,代表着农村金融机构对货币资金的再分配;国家对农业的无偿拨款和通过信用方式对农业的补贴支援，也都是通过农村金融机构的支付和贷放而完成的。最简单的，农村居民生活中的任何一张钞票也都是通过农村金融机构流进流出的。

2. 农村金融的重要作用

由于农村金融的上述地位，决定了它在农村经济中发挥着重要作用。

(1)筹集和分配农村资金，支持农村经济建设和农业生产发展。农村经济建设需要大量资金，除农村经济单位、农户自筹之外，可以得到国家财政支持，但数额有限，因此还是主要依靠农村金融的力量。随着农村经济的发展和农民收入的增加，资金的暂时闲置和资金的暂时短缺同时存在，需要农村金融的活动组织和分配资金。农村金融机构可以把零星分散的小额货币结合成巨额，形成巨大的资金力量；把进入分配以后的补偿基金、积累基金，进入消费前的货币收入等闲置基金转化为生产资金，把短期待用资金的稳定余额，连接成可供长期使用的资金，分配到农村的生产、流通等各个领域和部门。

(2)调节货币资金，稳定农村经济。稳定农村经济，需要稳定农村货币，这既要求流通中的货币量与商品量相适应，货币购买力总额与商品供应总额相适应。如果流通中的货币量长时间多于可供商品量，就可能出现物价上涨，影响农村经济的稳定和城乡居民的生活。同时，也会影响农村存款的稳定增长，不利于动员农村资金，发展农村经济。因此，农村金融面临的又一个重要任务是调节货币流通，保持货币流通的正常化，为农村经济稳定发展，提供良好的金融环境。

(3)管理农村资金，提高农村经济效益。农村资金运用情况直接反映着农村经济的经营水平与经济效益。农村金融机构，是农村信贷、现金和结算的中心，通过自己的业务活动，能在管理农村资金、提高其经济效益方面发挥重要作用。农村金融机构通过信贷活动,可以了解农村中小企业、农民农业生产情况,通过发放贷款时贷与不贷、贷多贷少、利息高低和期限长短来调节农村企业、农民的生产经营活动,并通过帮助其改善经营管理等工作,促其加强管理,降低成本,提高经济效益。

第四节　农村金融体系

农村金融体系是由若干农村金融机构组合而成的一个为农业和农村发展融通资金的有机整体。无论在经济发达国家还是发展中国家,都有以金融机构为中介的间接融资和不以金融机构为中介的直接融资。但是,当代所有国家的农村金融都以间接融资为主,即以农村金融机构作为农村金融的基本力量,以农村银行信贷资金作为农村金融的基本内容。所以,大多数国家随着农村经济的不断发展,都相继成立或形成程度不同、体现各国特色的农村金融体系。

虽然各种信用渠道在各国农村金融体系中的地位和作用存在着差别,并各具特色,但从所有制关系分,大体上由三个部分组成:政策金融、合作金融和商业金融,它们之间有一定的分工,起着相互补充的作用。此外,在较为贫困和落后的农村地区,私人之间的借贷作为非正式的信贷资金来源仍然发挥着一定的作用。

一、农业政策性金融

1. 农业政策性金融的含义及重要地位

农业政策性金融是指与政府某些经济职能相联系,为贯彻政府社会经济政策或意图,不以商业性标准为原则,以国家信用为基础,在农业及相关领域从事资金融通,并为政府所有、参股、担保和控制，支持、保护农业生产，促进国民经济协调发展和农业收入稳定增加的一种特殊金融活动。

农业政策性金融在各国金融体系中占有重要地位：一方面，它充当政府贯彻实施农业政策的工具、政府提供低利贷款的窗口，为配合政府在不同历史时期、不同发展阶段特定农业政策实施的需要，通过各种政策性融资活动达到扶持农业生产、促进社会经济健康稳定发展的目的；另一方面，又补充、纠正商业性金融在农业信贷领域作用的不足和偏差，健全和优化一国金融体系的总体功能，充分发挥其在一国经济与社会发展中不可替代的作用。

我们前面所提到的美国农民家计局、法国农业信贷银行、日本农林渔业金融公库都是政策性金融机构，各国为了扶持本国农业生产的发展，都成立了本国的农业政策性金融机构。类似的还有：印度的国家农业及农村开发银行、英国农业信贷公司、德国农业抵押银行等等。此外，还有一些国际组织也充当了政策性金融机构的作用，如国际农业发展基金、国际农业信贷联合会等等，这些也都是著名的农业政策性金融机构。

这些政策金融机构多以推进农业现代化进程、贯彻和配合国家振兴农业计划和农业保护政策为目的而设立，其资金多来源于政府拨款、发行以政府为担保的债券、吸收特定存款和向国内外市场借款，贷款和投资多用于支持农业生产经营者的资金需要、改善农业结构、兴建农业基础设施、支持农产品价格、稳定和提高农民收入等。

2. 农业政策性金融的特征

(1)经营方向的政策性。在不同的历史发展阶段，农业发展状况及外部环境都不尽相同，国家要依据农业内外部环境的变化，相应地调整农业发展政策。农业政策性金融要配合政府不同时期农业政策意图及重点，发挥政策性金融对宏观经济的调节作用，实现政府经济和社会发展目标。

(2)经营目标的非营利性。由于农业在国民经济当中所处的重要地位,因此各国政府都必须对农业加以支持和保护,农业政策性金融就是充当这种支持和保护的重要手段之一。由于从事农业政策性贷款发放,农业政策性金融一般都能从政府那里享受到贷款利息差额补贴、税收减免或担保债务等特殊待遇。因此,大多数农业政策性金融主要发放中长期农业开发性贷款,且利率低,通常比一般商业性贷款利率低2到3个百分点。除发放优惠贷款外,农业政策性金融还为业务对象提供优惠条件的担保,以改善借款人的融资条件和地位,鼓励其他金融机构扩大农业贷款。

(3)具有一定的福利性,以帮助贫困地区和低收入的农民解决资金短缺问题。一般金融机构贷款,首先考虑贷款的安全性,因此贫困地区和低收入的农民很难得到贷款,这就需要政府的金融机构予以解决。20世纪70年代中期,印度政府建立地区农村银行,专门为边远地区小农和小手工业者提供低息贷款。地区农村银行为贫困地区的小农提供的贷款占其贷款总额的90%以上。美国农民家计局为农业工人们以及低收入的农民提供利率为1%的建房贷款。

(4)与商业金融的互补性。农业政策性金融在一国金融体系中的作用,除了执行政府的农业政策之外,还要补充、纠正商业金融、合作金融在农业信贷领域的不足和偏差,并诱导他们增加对农业的资金投入。在各国实践中,许多农业政策性金融机构都以间接发放贷款方式资助商业金融、合作金融扩大农业贷款,以推动更多的资金投入农业。在这种关系中,前者扮演农业贷款"批发"机构,而后者则充当农业贷款的"零售"机构。如印度国家农业和农村开发银行主要是向土地开发银行、地区农村银行、商业银行和合作银行拆借贷款,由这些机构转贷给农民借款人。

二、合作金融

合作金融是整个合作经济的重要组成部分，是指在商品经济条件下，人们为了共同利益而自愿入股，在资金上相互融通、相互帮助的一种特殊的资金融通形式。合作金融体现了一种自愿、自主、互利的合作关系。合作金融组织遵循信用原则开展业务，以改善社员的生产条件为主要目标，不特别支持社员生活方面的需求，更不办理无息的带慈善性质的贷款。

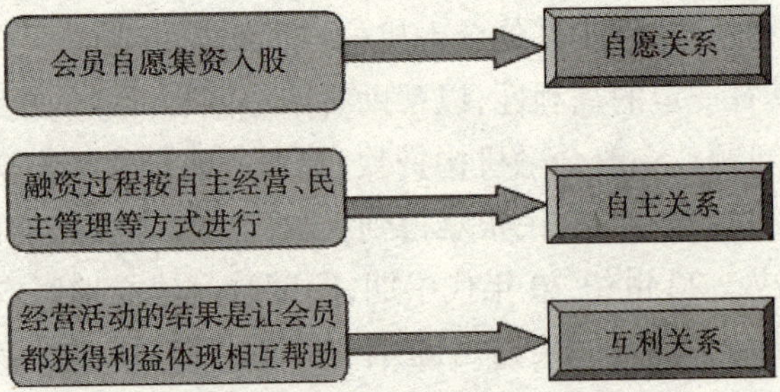

图 1–7　合作金融的三种关系

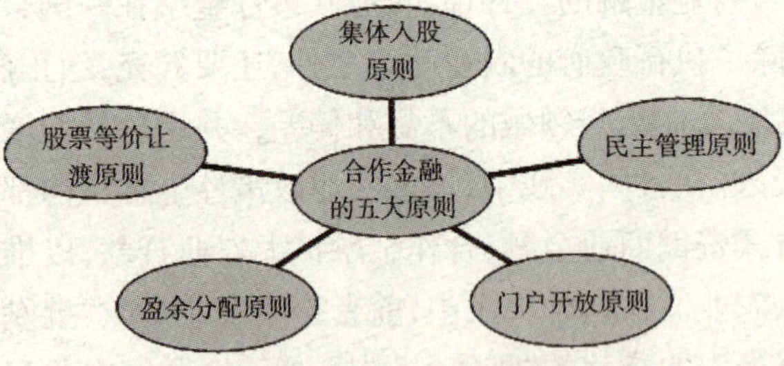

图 1–8　合作金融的原则

1. 合作金融的原则

合作金融作为合作经济的一个组成部分，其原则当然应当符合一般的合作原则，即自愿、民主、互利。但合作金融又有与其他合作经济有不同之处，因而合作金融原则又含有其自身的特点，概括起来，合作金融一般原则有以下几点：

集体入股原则：每个社员都应向合作社提供一定限额的股金，对合作社承担一定的责任。

门户开放原则：凡居住在合作社业务区域内，愿意维护合作社共同利益的人，均可自愿加入或退出。

民主管理原则：合作社的章程确定社员在合作社内具有平等的权利，每个社员对于合作社的决议和选举，只有一个投票权。

股票等价让渡原则：合作社的股票价格常与票面相等，社员退出时，合作社如备有让渡资金，可将股票收回，再按票面价值转让给其他社员，合作社的股票不在金融市场上进行买卖。

盈余分配原则：合作社对社员股金、借款和存款均实行低利，以此作为对资金的使用费。合作社盈余应按一定比例转入准备金，充实合作社的经营资金。如准备金充裕，还可以为借款社员办理保险，或降低放款利率，使社员能得到实质上的低成本化贷款。

2. 合作金融的特征

合作金融作为一种特殊的资金融通方式，有其内在的特点。随着合作金融组织为适应发展和竞争的需要，合作金融在组织形式、管理体制、业务经营、分配方式等方面会发生一定的变化，但其基本特性不会发生根本改变。

(1)合作金融是经济上的相对弱势群体，以自愿入股的方式采用合作组织形式所经营的金融。由于农民或是农村中小企业在经济生活中特别是在资金融通方面处于相对不利的地位，因此，同其他行业相比，农业生产一般风险较大，加之农民或农村中小企业自身缺乏合适的担保、抵押品，农民很难从商业金融机构得到贷款。于是他们按合作制原则，组织自己的金融机构——信用合作社和合作银行，集中分散的资金用以发展生产，改善生活，或通过合作组织为其担保以方便向商业金融机构融资，从而解决社员的资金需要。

（2）合作金融是互助金融，不以营利为目的。合作金融组织是要利用团体互助的方法为其成员解决个人力量所不能解决的经济问题，通过互助互利原则，调剂资金余缺。信用社从本质上看只为社员服务，一般不为非社员提供服务。社员有余款存到信用社，需要时则向信用社借贷，利用资金余缺的时间差，调剂社员资金余缺，实现互助互利，而不向其他经济组织那样以营利作为其追求的目的。

（3）合作金融是人的结合，而非资本的结合。这是一般合作经济的特点。这里的"人"可以是自然人也可以是法人。合作金融组织中的每一成员都具有平等的地位，而不以出资的多少决定其在组织中的权力大小。合作金融组织实行民主管理，不允许任何人或少数人在组织中享有特权。信用社实行"一人一票制、门户开放"，都是强调人的地位，因为它本来就是弱者为互通有无而进行的联合。

（4）合作金融建立于精神与道德之上。合作金融组织对成员的道德要求较高，要求会员必须具备互助互信、互负责任、互相鼓励的精神和道德条件。

（5）合作金融组织以业务交易量作为社员权、责、利的标准。"对社员提供金融服务"是信用社的宗旨，服务主要通过社员与信用社的资金业务往来加以表现。"存贷款往来量大"说明其得到的服务多，接受服务多的社员自然应该对提供资金负有较多的责任和义务。有些国家规定了社员交纳股金额需与其交易额成比例，规定信用社的盈余按社员与信用社的交易额比例分配，甚至对交易量特别多的社员增加一定的表决权,这也符合合作制原理。

(6)合作金融组织能得到政府的政策优惠。为实现国家的经济发展目标,维护市场经济的正常秩序,保护弱小企业,政府往往给予为弱小企业提供融资服务的合作金融组织许多政策上的优惠,例如减免税收、为合作金融组织提供长期低息贷款等。

三、商业金融

美国、欧盟、日本等市场经济发达的国家,主要以商业银行等股份制金融机构的服务为主。以营利为目的的商业银行除了对工商业发放贷款外,在农业生产十分发达、农业经营获得较高利润时,也向农业发放贷款。并不是说在欧、美等发达国家农业生产的经营风险就低,在这些国家里,农业信贷高风险、低效益的矛盾也仍然存在,但是政府的补贴和优惠等措施,对引导商业金融机构资金投向农业生产起了重要作用。

典型的以商业金融为主的为农村金融服务的国家是英国。英国农村金融经过长期发展,形成的商业银行为主体的农村金融制度。在历史上,英国工业革命较早,是银行制度建立最早的国家之一,当欧洲大陆开展农村信用合作运动时,英国的大商业银行已深入农村建立分支机构,用无抵押透支形式,向农民发放短期贷款,近些年来还有向中、长期贷款发展的趋势。所以,英国的商业银行在农村金融中居最重要的地位。是什么导致英国的商业银行对英国农业如此青睐呢?究其原因,主要是由于英国农业十分发达,经营农业的收益较高,对农业放贷风险低,收益高,加之英国的商业银行具有雄厚的资金实力,故其愿意也能够为农业发展提供全面的金融服务。

表 1–1 合作金融与股份制商业金融的区别

	合作金融	股份制商业金融
经营目的不同	通过联合解决其内部成员在融资方面的需求，为其服务	追求股东利润的最大化
组织成分不同	社员是各类农业生产经营者，同时也是合作金融业务的需求者	任何人只要购买银行的股票都可以成为银行的股东
联合内容不同	其股金总额不固定，但限制每个社员认购股份的最高额，股份不能买卖，社员退社时可以退股也可以以票面价值转让给其他社员	股份制金融股金总额固定，不限制个人购买额，股票可以自由转让，但不能退股
管理方式不同	是一种资金的联合，但更重要的是劳动者的劳动联合，其性质决定了它实行一人一票的民主管理制度	是资本的联合，其权利与义务均以股东所投资的资本额为标准，实行一股一票的管理制度

注：随着市场经济的发展，合作金融组织的管理原则也发生了一些变化，在原有的一人一票的基础上，逐步引进了比例制，即当各社员与信用社的交易额差距很大时，采用以有最高限额的交易额的比例制来决定表决权。有的合作社业务经营所需资金由社员按其所享有的服务，即贷款额以交纳股金的方式按比例提供，当合作社出现亏损时，表面上以社员认购股金的多少来分摊，实质上是以交易额为比例分担责任。

四、三者之间的关系

政策金融、合作金融和商业金融三个部门之间，并不是互相冲突的，而是既有分工，又有交叉。从分工来看，政策金融主要是提供长期低息贷款，合作金融和商业金融则主要是提供中短期贷款。从体系交叉来看，三者又是紧密相连的。如法国的农业信用合作组织的总行就是政府的法国农业信贷银行，形成上官下民的混合机构；

美国和日本的农业信用组织是在政府资助下建立起来的，虽然已经逐年偿还政府投资，但在金融政策上仍接受政府有关部门的领导、管理、监督。在资金融通、财政补贴上还得到政府的支持和帮助，而政府的农业贷款有些还主要依靠合作金融机构和商业金融机构发放。

第二章　美洲部分国家的农村金融

第一节　美国的农村金融

美国是世界上农业最发达的国家，这与其完备的农村金融体制密不可分。美国构建农村金融体制的基本原则是为农业发展提供足够的资金支持。经过多年的发展和不断的探索和改革，美国现在已经形成了政府为主导的农村政策性金融体系、农村合作金融体系以及农村商业性金融体系。多种金融机构形成了一个分工协作、互相配合的农村金融体系，较好地满足了美国农业和农村发展的资金需要。

一、美国农村金融概述

1. 农村金融供给渠道较多

作为一个庞大的体系，美国金融体系的构成成分较为复杂，但在长期的发展过程中，金融机构形成了相对明确的分工：商业银行主要经营生产性的短期贷款和一些期限不长的中期贷款，联邦土地银行专门向农场主提供长期抵押贷款，联邦中间信贷银行则向为农民服务的金融机构提供资金，而政府农贷机构主要办理具有社会公益性质的农业项目的投资，比如土壤改良、兴修水利、基础设施建设、灾害补贴、小企业发展、农村通讯等，从而形成了一个职责明确、分工协作的金融体系。

2. 美国的合作农业信贷系统,得到政府的支持

具体表现为:美国政府首先提供创办资本,并依法自上而下建立农业信贷系统;其后,该系统在政府机构的控制和监督下,业务和营运均由借款人自下而上自行管理,并主要依靠发行债券和票据筹集信贷资金;借款人交纳股金与取得成员资格和实际使用贷款联系在一起。该系统的合作性质更多地体现在:把群众组织起来,从金融市场上吸收资金并加以合理运用,从而迅速发展成为农业信贷资金供给的主要渠道。

3. 设立政府农贷机构,发放政策性、公益性专项贷款

美国政府本着“积极领导,办而不包”的原则,在提供一定财政资金的同时,着重通过立法,运用经济手段,如“发行债券、进行担保”,多方动员社会资金和金融机构共同参与,以弥补商业性贷款渠道的不足,对稳定农业生产有重要作用。

4. 以发达的金融市场为背景

美国的金融市场较为发达,作为整个金融体系的一个重要组成部分,美国农村金融和金融市场的关系越来越密切。首先,发达的商业金融、保险公司已经成为美国农村金融不可缺少的重要组成部分,是整个农业信贷融资体系中一支重要的力量;其次,农村信贷资金越来越依赖于金融市场,大量资金来源于金融市场。合作系统的协会和银行不办理一般的存款和储蓄,信贷资金大部分来源于国家在金融市场上出售的有价证券,连属于政府农贷机构的农民家计局的信贷资金也主要依赖于在金融市场上发行债券进行筹集。

5. 组织制度较为合理

美国农村金融运作的成功得益于合理的组织制度,除商业金融机构外,合作金融自成体系,但要接受农业信贷管理局的监督和管理,和联邦储备系统及各联邦储备银行之间没有隶属关系,只是受联邦储备系统的宏观调控。农业信贷系统的全部方针政策由该

系统的一个兼职的联邦农业信贷委员会负责制定。在全国的12个农业信贷区各设有一个农业信贷委员会，根据联邦农业信贷委员会制定的方针政策，结合本区实际情况制定具体的方针政策，而农业信贷管理局负责具体执行、日常督促和全面协调，政府农贷机构直属于美国农业部，这种组织制度较好地保证了农村资金用于农村、用于农业，并根据不同阶段农业的不同发展目标，调节农业信贷方向和规模。

6. 法律体系是农村金融运行的保证

市场经济是法制经济，任何经济活动都需要法律的保证和规范。农村金融的运作也不例外，在美国，农村金融的运作具备了较为完备的法律体系——有专门的法律，比如《联邦农业贷款法案》、《农业信用法案》等，更多的是把农业金融的运作融合到其他的相关法律体系中，从而使农村金融运作有章可循、有法可依。

二、美国的农业政策金融

美国政府的农业信贷机构包括农民家计局、商品信贷公司、小企业管理局、农村电气化管理局。这些机构属于政策金融范畴——其主要目的是为稳定国内商品流通领域的农产品价格，借以实现政府的农业政策目标，同时提高农民的收入，办理具有社会公益性质的农业项目的投资。比如投资于土壤改良、兴修水利、基础设施建设、灾害补贴、小企业发展、农村通讯等。它们提供的贷款利率低，期限长。它们是专门针对本国农业发展和农村发展提供融资的机构。它们利用政府提供的资本金、预算拨款、贷款周转资金和部分借款办理商业金融机构和其他金融机构不愿意提供的政策性贷款，如救济受灾农民、扶持新创业的农民，支持农村社区发展的长期福利贷款以及对农产品提供价格支持的抵押贷款等，以弥补农业资金渠道的不足。

1. 农民家计局

(1)组织机构。农民家计局成立于1946年,由美国农业部直属管辖,宗旨是创立自耕农户、改善农民生活、改进农业生产。除各州设办事处以外,并在全国广设县办事处,自成系统,县办事处设有3人组成的委员会,其中2人为农民,1人为当地熟悉农村和农民情况的商人。委员会审查贷款申请,通过办事处督导员批准发放,并对贷款使用进行监督检查,对贷款服务提供建议。

(2)业务范围。农民家计局从原定宗旨出发,根据乡村社区发展的需要,其信贷活动逐步扩展为两个基本目的,一是对新创业和低收入农民以及因灾或市场波动遭受损失,不能从正常渠道获得资金的农民进行扶持和救助;二是对改良乡村社区,促进乡村建设和环境保护提供资金,有些公益性项目给予无偿拨款。据此,20世纪60年代以来,家计局的贷款计划总的可概括为农民家计、农村住房、社区设施和乡村工商企业等四项。农民家计方面主要由农场经营贷款、农场产权贷款、紧急贷款以及土壤和水利贷款等。大体上属于第一个目的,其他三项计划可归于第二个目的。

(3)资金来源。农民家计局的信贷资金来源有三个主要来源,一是由家计局承保发行债券,所筹资金发放的贷款,叫承保贷款;二是动员商业银行等金融机构按家计局计划向农民发放贷款,由该局担保,叫保证贷款。贷款利率由借贷双方商定,贷款使用上由家计局进行服务和监督。这样有助于减少风险,提高效益,一般金融机构乐于协作;三是美国国会拨款。除由家计局用于发放某些贷款或无偿拨付以外,所有利息补贴,弥补各项贷款可能发生的损失以及家计局的部分开支也都由此拨款支付。由于拨款有限额,因而各类贷款和开支都有一定指标。每年用完为止,不能突破。

(4)资金运用。农民家计局的资金运用主要是提供贷款和担保,为低收入农民修缮和购置房屋提供贷款,为水利开发、土壤保护提供长期贷款、为弥补自然灾害损失发放贷款、对商业银行和其他金融机构按农民家计局贷款计划向农民借款人发放的贷款提供担保等。近年来,农民家计局也成为美国政府贯彻实施农业政策的主要工具。如美国政府为了合理利用农业生产资源,通过农民家计局对农场主发放兴修水利和土地改良贷款,期限可达40年之久。到20世纪90年代,农民家计局在各州、县设立的办事处已达1700多个。

2. 农村电气化管理局

农村社区发展、水利建设、电力设施等有关农村基本建设问题,需要统一规划共同解决,国家要给予财政扶持和提供必要的信贷帮助。成立于1935年的农村电气化管理局,也是美国农业部下属机构,主要是为改善农村公共设施和环境而设立的。它对农村非盈利的电业合作组织和农场发放贷款,用于架设电线、组建农村电网、购买有关设备等。20世纪70年代成立由借款人任董事的乡村电话银行,另外还设立了农村电气化及电话周转基金和实行保证贷款。电气化管理局的贷款期限可长达5年,利率最低为2%。其主要职责是对农村电业合作社和农场等借款人发放贷款从而提高农村电气化水平。该局的资金运用也是以贷款和担保为主。

3. 商品信贷公司

商品信贷公司成立于1933年,是美国农业部的下属机构。美国政府建立商品信贷公司主要是为了应对自然灾害和农业危机。商品信贷公司对农场因自然灾害造成的减产给予补贴,与农业生产保险相类似。其主要功能是管理实施价格和收入支持计划,进行价格支持,控制农业生产,避免农业的生产波动给农业生产者带来的影响,保护广大消费者的利益。

商品信贷公司组建有农业部长为主席的董事会,日常业务由农业部农业稳定和保护局的各级机构具体经办。资金由国库拨付,其资金运用形式主要为提供贷款和支付补贴，主要包括农产品抵押贷款、仓储干燥和其他处理设备贷款、灾害补贴和差价补贴等。公司的任务主要是用农产品抵押贷款的方式对农产品进行价格支持并对农业生产给予补贴，利用金融手段，销售和生产方面实行政府干预，稳定农民收入，增加农场自有资金。同时，通过掌握农产品的购销储运和组织出口，减少供需矛盾，缓和农业生产过剩危机。

4. 小企业管理局

小企业管理局成立于1953年，其资金主要来源于国会拨款的周转基金和收回的贷款本息等，主要为不能从其他正常渠道获得充足资金的小企业提供融资帮助，对所从事的农副产品加工储藏以及为农场提供服务的企业经营进行扶持。20世纪70年代后期，也对年总收入在100万美元以下，且因受自然灾害财务困难，而经济地位又超出农民家计局贷款范围的大农场提供贷款。资金主要用于发放直接贷款、参与联合贷款、担保以及其他特殊信贷。小企业管理局对小农场的贷款是与农民家计局分工协作的，如果小农场借款人经济状况不好且贷款额度小，则由农民家计局提供资金支持，当小农场借款人经济地位得到改善后，其更多的贷款需求则由小企业管理局提供。

三、美国的合作农业信贷系统

在20世纪初，美国农业信贷资金几乎都是由私营机构和个人提供的，这样的信贷资金数量有限，而且期限较短，随着美国经济的发展，这种金融体系显然已不能适应现代化农业发展的需要。美国政府于1916年开始制定了一系列农贷法律，由美国政府主导设立农贷专业银行及其基层机构组成信贷系统。最初的农村金融合作组织都是在政府领导并出资支持下建立起来的，随着国家资金的逐步推出，现在的农村合作金融已成为由农场主拥有的合作金融机构。

目前，美国农村合作金融体系由联邦中间信贷银行、合作银行、联邦土地银行及土地银行合作社三大系统组成,并采取了不同于商业银行的管理，专门设立了比较健全的农村合作金融管理体系,包括监管机构、行业自律协会、资金融通清算中心和互助保险集团,这四种机构及其附属机构各自独立、职能各异,但目标一致,形成共同的以农村合作金融机构为服务对象的管理服务体系。联邦政府对合作金融业的存款统一实行强制保险。具体业务由联邦存款保险公司经营的储蓄协会保险基金和与其独立的全国信用社股份保险基金承担,并承担对投保合作金融组织的监督,可见美国的信用合作存款由联邦政府和行业共同提供。

美国的合作农业信贷系统是美国农村金融的骨干力量。该系统由联邦农业信贷管理局、联邦土地银行、联邦中间信贷银行、生产信贷协会以及合作社银行组成。联邦农业信贷管理局是该系统的监督机构,它自成体系不受联储监督。联邦中间信贷银行是农业信贷的批发商,它批发信贷资金给生产信贷协会,再由协会发放贷款。联邦土地银行和合作社银行则直接向借款者发放贷款。联邦土地银行、联邦中间信贷银行,合作社银行在业务方面各有侧重。联邦土地银行主要是对农场主和其他农业生产者发放以不动产抵押的长期贷款,期限一般为 5~35 年,主要用于购买土地,修建房屋及生产设施等。联邦中间信贷银行主要通过地方生产信贷协会办理动产抵押的中短期贷款,期限一般不超过 7 年,其用途主要是购买种子、肥料、饲料、生产设备等经营费用。合作社银行的贷款对象是农民组成的农业合作社,可以提供各种期限的贷款,其贷款按作用分为设备贷款,营运贷款和商品贷款。

1. 联邦中间信贷银行

联邦中间信贷银行是美国最重要的农业信用合作系统，成立于1923年，它是由美国政府在12个信用区建立的12家联邦中间信贷银行组成的，主要解决农民中短期贷款难的问题。每一个信贷银行下属许多生产信用合作社，合作社实行股权所有制，借款人必须拥有相当于借款额5%~10%的合作社股金或参与权证。贷款期限一般为 1 年，最长不超过 7 年。

联邦中间信贷银行的自有资本来源，包括发行股票、发行可以分红的参与证和盈余积累。有投票权的股票只授予生产信贷协会，因而中间信贷银行为所属生产信贷协会所共有。中间信贷银行的信贷资金来源，包括发行证券、借款和联邦土地银行。

生产信贷协会的自有资本来源和借款人认股办法和联邦土地银行协会相同。但生产信贷协会由于自行办理中短期贷款，资金投放变动较大，规定股票一般不能退回，而且只有在协会资金充足时才能分红，以便扩大积累，开展业务。

生产信贷协会发放中短期贷款的对象与联邦土地银行发放长期贷款相同。贷款用途主要是农牧业以及水产业的生产经营支出，如种子、肥料、饲料等，也可用于生活支出。贷款以农作物、产品、设备和个人财产作保，修建房屋的则以住宅担保，也发放无担保品的信用贷款。贷款期限根据用途从几个月到7年不等。对大额贷款，同一信贷区的协会以至和联邦土地银行都可以相互参与，联合放贷。同时，协会还可以参与商业银行、农民家计局以及其他放款人的农业贷款。另外，还购入大型农业机械设备，开展金融租赁业务。

2. 联邦土地银行系统

联邦土地银行系统由12个农业信用区的联邦土地银行及其下属的合作社组成，该系统已经成为农场主长期贷款的主要提供者。联邦土地银行实行股份所有制，每个合作社必须向联邦银行缴纳股金，股金数量为本社社员借款总额5%。银行股权归全体合作社所有，也间接地归全体借款人所有。联邦土地银行只办理长期抵押贷款，贷款对象主要是个体农场主，贷款期限为法定的5~40年。

土地银行系统的自有资本来自于借款人入股和盈余积累。借款人得到贷款时必须购买相当于贷款金额5%~10%的协会的股票，协会再转而购买等额的土地银行的股票。借款人有一人一票的投票权，选举协会董事会，参与管理。还款后可以退股，但一般不要求退回，以便再次借款。如两年内再没有新借款，可作为无投票权只享受经济收益的股份。另外，土地银行也发行只分红的参与证以吸收资金。

联邦土地银行的信贷基金有两个主要来源：一是发售证券，即由农业信贷系统向金融市场发行统一农贷债券和贴现票据；二是向本系统的专业银行以至私营金融机构和商业银行、保险公司等借款。

联邦土地银行的贷款对象主要是营业地区的农场、其他农业生产者、为农业服务的商人以及农村居民等。贷款以不动产作抵押，额度一般相当于抵押品估价的85%，主要用于购买土地、修建房屋及生产设施等。期限可由5年以至长达40年。借款时，一般由协会受理申请和进行审查，由银行发放贷款，双方共同负责，也有协会独立放款、自行负责的。发放贷款时扣除应交股金，贷款本息按余额计息法分期摊还，可以提前归还，也可以预存由银行付息的还款准备金，以备日后近期归还。贷款未满期前，如因扩展经营，增借款项，也可连同未到期清还的部分，另订新约。

3. 合作银行系统

合作银行系统是美国专门为了给合作社添置设备、补充营运资金、购入商品等提供贷款而设立的，它由13家合作银行组成，12个信用区各设立一家，还包括1988年在华盛顿成立的中央合作银行。

合作银行的自有资本包括股金、出售无投票权的参与证的收入和盈余积累等。它规定借款的合作社按应付借款利息的

10%~25%认购股份，同时各社按其借款额。在由合作银行返还的盈余中，也要以一定比例认购股份。入股的合作有一人一票的投票权，选举银行的董事，参与管理。中央合作银行由12个区的农业信用委员会各选一名董事，另由联邦农业信用管理局指定一名共13人组成董事会进行管理。合作银行信贷基金的主要来源和其他专业银行相同。股票和参与证按每年盈余的8%分红。

美国13家合作银行以全国约六千家农村合作社为贷款对象，是合作社经营资金的主要供给者。中央合作社银行除参与和承办大宗贷款以外，也向区合作社银行以及其它专业银行调剂资金和进行清算，同时办理有关国际贸易的金融业务，为农产品出口提供资金。合作社银行主要向农场主组织的运销、供应以及为农业提供其他服务的合作社提供资金，也参与商业银行和其他金融机构对主要由农业生产者参加并为其服务的包括公用事业的合作社组织发放贷款。贷款按用途分为设备贷款、营运贷款和商品贷款。设备贷款是为合作社购买开展业务所需的土地、建筑物及其他设施提供资金，用不动产抵押，贷款最长可达20年。营运贷款由合作社用于购买所供应的生产资料和支付经营费用等，如动产抵押的中短期贷款，贷期由几个月至1~2年。以上两种贷款均分期摊还。商品贷款是为合作社支付社员交售产品的价款提供资金，即以该项产品作抵押。一般为短期贷款，产品出售后即行归还。贷款利率按贷款种类和期限有所不同。在贷款期内和转期时均可按当时的资金成本浮动。

四、私营金融机构

私营金融机构包括商业银行、人寿保险公司和其他私人信贷机构。这些商业信贷方式主要有不动产贷款和生产性短期贷款。这里仅介绍商业银行的农业贷款。

图 2–1　美国银行

美国的商业银行按其注册情况可以分为两类。在联邦政府注册的叫国民银行，在各州注册的称之为州银行。美国绝大多数商业银行，特别是地方性的州银行都普遍办理农贷业务。由于各商业银行规模、地理位置的不同，其作用也不一样。设在主要金融中心的大银行，一般向从事畜禽生产的企业和全国范围内的特种作物提供资金。同时也允许设立分支行的州对大农场及至小的农业企业提供服务，特别是为农工联合企业和农产品出口贸易融通资金。同时，参与地方银行的农贷以及大量购买农贷债券间接为农业贷款提供资金。至于几千家设立在小市镇的独家商业银行，多年来资产总额中一般有 40%~60%的农业贷款，因而称为乡村银行，实质就是一个农业信贷服务站。

商业银行之所以能广泛开展农贷业务，主要是机构多，设置普遍，接近农民，特别是乡村银行是当地唯一的提供多种金融服务的机构，熟悉农民的信用和经营情况，因而贷款迅速，手续简便。同时，银行设有专职农贷人员为农场在生产和运用资金方面提供咨询和服务，易于得到农民的信任，乐于存贷往来。另外，多年来，随着农场规模扩大，贷款数量相应增多，商业银行往往采取合并、改组以及联营等办法调整机构，扩充实力，以适应农业现代化对信贷资金的需要，因而在提供农业贷款方面一直发挥着重要作用。

商业银行是以盈利为目的的私营金融机构，发放农贷和对借款农场的要求都是本着盈利性、安全性和流动性的原则来进行。商业银行主要发放中短期农贷。短期贷款用于农场日常生产经营，如种子、肥料、育肥畜、饲料、农业机械修配等。一般在获得现金收入后随即归还，贷款不超过一年。许多商业银行为扩张信贷和吸引客户，对短期贷款使用“总借据”或“透借总额”的放款办法，即在生产季节开始时，和农民订立一个借贷总额协议，期限 1 年，在借期内，只要不超过总额度，借款农民可随时提用，获得收入时可随时归还。利息逐日按实借余额计算。中期贷款主要用于购买机械设备、奶牛和种畜。中短期贷款在商业银行贷款总额中，一般占 3/4 以上。商业银行也发放用于购建不动产的长期农业贷款。

贷款担保的要求也不相同。对经营往来，信用良好的农民，贷款额度小，期限短，具有充分偿还能力的，可提供信用贷款。长期贷款都要以不动产为抵押，中短期贷款一般以作物、家畜、机械和产品作抵押，有的还要由第三者在借款合同上联署作保。

五、美国的农业保险体系

美国农业保险体系是经过不断摸索、发展而形成的。早期美国农业保险也是由私营保险公司提供的，但由于农业保险的风险巨大，其经营的农作物保险均以失败而告终。为了帮助农民对付农业生产面临的风险，美国政府积极参与了农作物保险计划。

自 1938 年《联邦农作物保险法》颁布，美国农业保险经过 60 多年的发展，形成了比较完备的农作物保险业务，保障水平和农民参与率不断提高，对于稳定农业生产、提高国民福利水平起到了重要作用。

现行的美国农业保险完全由商业保险公司经营和代理，当然，商业保险公司会得到政府在经营管理费和保险费补贴等方面的有力支持。美国农作物保险的运行主要分三个层次，第一层为联邦农作物保险公司（风险管理局），主要负责全国性险种条款的制定，风险的控制，向私营保险公司提供再保险支持等；第二层为有经营农险资格的私营保险公司，它们与风险管理局签订协议，并承诺执行风险管理局的各项规定；第三层是农作物保险的代理人和查勘核损人，美国农作物保险主要通过代理人销售,他们负责具体业务的实施。

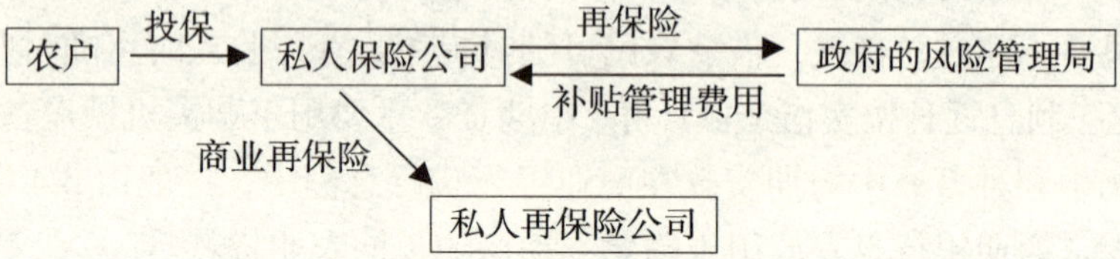

图 2–2 美国农业保险体系

1. 风险管理局(联邦农作物保险公司)

根据美国农作物保险法,1938 年农业部成立了联邦农作物保险公司,负责全国农作物保险的经营和管理。为了加强对农业的风险管理,1996 年,美国又专门成立了风险管理局。从目前美国农作物保险的管理体制来看，联邦农作物保险公司所有的职责都由美国农业部风险管理局负责履行,实质上两者是一套人马两块牌子,联邦农作物保险公司只是风险管理局便于资金管理的“壳”。风险管理局下设 10 个办事处,每个办事处分管约 3~14 个州。

根据美国法律，建立风险管理局的目的是为了加强对农作物保险的管理和监督，同时也是为了在农作物保险的运作中便于与立法机关进行协调以及和民众进行沟通。风险管理局的主要职责是:

(1)负责全国性险种条款的制定、费率厘定。

(2)负责向私营农作物保险公司提供费用补贴,向农民提供保费补贴。

(3)负责与各私营保险公司协商,签订标准再保险协议,向私营保险公司提供再保险支持。

(4) 负责对私营保险公司执行法律和协议的情况进行检查和监督;建立农作物保险数据库,并用于厘定费率。

(5) 负责私营保险公司与联邦农作物保险公司往来账户的决算,如保费和费用补贴款的划转等,并编制月报表、半年报表和年度报表。

(6)负责制定作物定损标准和通用定损标准。

(7)负责对老险种条款的修改和新产品的开发,以及对私营保险公司开发新产品的初步审核。

(8)负责农作物保险各险种计算机软件的开发和维护。

(9)负责预测和计算各种农产品的价格。

(10)编写农作物保险工作手册,供风险管理局雇员、保险提供人和代理人使用。

在风险管理局下面,还设有许多地区办事处,其任务是通过对风险管理办法的公平评估, 与农作物保险提供者建立专业上的关系,不断地对各项保险计划进行分析,以及向所有生产者、农作物保险提供者和地区公众解释保险条款, 以保证农作物人口出生率计划的公正、公平的实施。

2. 私营保险公司

由于政府对开展农作物保险提供保费补贴、费用补贴、再保险支持和税赋上的支持,农业保险业务只要妥善经营就有利可图,所以,私营保险公司一般都愿意承担农作物保险业务。私营公司要先提出申请,经过联邦农作物保险公司的审核批准后,才能经营政府推行并给予补贴的农作物保险业务。在美国,目前只有 17 家私营保险公司具有这个资格。

(1)私营公司在农作物保险中扮演的角色。通过开展农业保险经营活动,具体实施政府的农作物保险计划;根据规定,开发农作物保险新产品,将其作为政府农作物保险计划的补充,所开发的新产品要上报风险管理局并经批准,以便获得补贴;自主确定自留保险责任额,并与联邦农作物保险公司签订《标准再保险协议》,向政府进行保险；就自留保险责任的实际情况，向再保险市场进行再保险，争取商业再保险人的支持。

目前，美国可以参加农作物保险的作物已达100余种。2000年，农作物保险承保面积2亿英亩，占可保面积的76%；200万农户中有131万农户投保了农作物保险，占总农户数的65%。1981年至2000年累计收取纯保费198.1亿美元，累计赔款支出为202.4亿美元，20年平均赔付率为102%。

(2)私营保险公司经营的主要险种。包括以下几个方面：

第一，多种农作物保险。这是美国农作物保险开展历史最长、投保最广泛的险种。保险农作物约70种。保险责任包括干旱、洪水、火山爆发、山体滑坡、雹灾、火灾和作物病虫害等。保险产量是根据农民个人种植作物的历史产量或地区产量来确定。多种风险农作物保险又分为巨灾保险和较高保障保险。

第二，团体风险保险。该险种的保险产量与所在县该农作物的平均产量挂钩。当县平均产量因灾害受损低于保险产量时，负责提供补偿，而不考虑各个农场实际产量的高低。团体风险保险可按县预期平均产量的90%投保。由于该险种投保费用少，所以费率比较优惠。缺点是当个别农民的保险作物产量受到损失而低于保险产量，但是全县的实际平均产量不低于保险产量时，这些农民无法获得赔偿。

第三，收入保险。自1994年《农作物保险改革法》生效以来，在一些地区，收入保险成为最受欢迎的险种。收入保险与多种风险农作物的主要区别是：后者是以产量作为赔偿的依据，而前者则是以农场的收入作为承保和赔偿的依据。

3. 农作物保险代理人和查勘核损人

美国农作物保险主要是通过代理人进行销售的。目前美国国内参与农作物保险销售的代理人约有1.8万余名。其中，大部分为独立代理人，可为多家保险公司代理业务，其余为私营保险公司自设代理人，只为一家代理业务。农险查勘核损工作由农险专业核损人来进行。查勘核损人需经过风险管理局两年的培训，通过考核取得资格后才能从业。这些人员可以是某一私营保险公司的职员，也可以是独立的查勘核损人。

第二节 墨西哥的农村金融

一、墨西哥农村金融概述

农业是墨西哥的主要产业部门之一。墨西哥的农村人口 2500 万，占全国人口的 1/4。2001 年农业从业人口 641 万，占总劳动力的 20%。墨西哥是拉丁美洲农业大国，但是粮食生产长期不能自给，生产靠天吃饭现象严重，国内消费严重依赖进口，为了发展农业生产，特别是为了保证粮食自给自足，墨西哥政府十分重视扩大农村信贷资金供给。

在政府的保护和支持下，墨西哥农村金融体制通过不断改革和完善，已形成了自己的特色。墨西哥金融业比较发达，逐渐形成以墨西哥银行为中央银行的十分庞大的金融体系。为农村提供信用机构的主要有全国农村信贷银行、农业保证与发展基金组织、商业银行、全国糖业金融公司等。墨西哥的农村贷款主要由全国农村信贷银行、农业保证与发展基金组织以及各商业银行提供。

二、全国农村信贷银行

1976 年，全国农业信贷银行、全国村社信贷银行和全国农牧业银行合并组成了现在的全国农村信贷银行，该行包括 1 家中央银行和 12 家地区银行。20 世纪 80 年代初，全国农村信贷银行提供的农业贷款约占整个银行系统发放的农业贷款的50%。

在墨西哥，全国农村信贷银行实际上是农业部门信贷资金调配的中央银行。墨西哥政府通过该行及其分支机构建立了统一的农业发展基金，其主要职能是——“调节农村资金流向和利率的浮动范围，并且对专门的农业贷款进行监管，对商业银行和其他金融机构的农贷进行协调管理”。在具体的信贷业务分工上，全国农村信贷银行的贷款对象主要是收入较低的农民联合组织、村社社员以及小私有农户，它提供短期贷款，也提供少量的长期贷款。该行的贷款覆盖面较大，受益者较多。

在全国农村信贷银行的信贷资金来源中，财政资金占有重要地位。为了更好的扶持农业发展，墨西哥政府不仅划拨巨额创办资本，而且还不断增拨信贷资金，并为低息农贷提供利率补贴，对因灾造成的贷款呆账予以冲销。墨西哥政府通过全国农村信贷银行发放了大量的低息农业贷款，为此每年约需支付5亿美元的利率补贴。

三、农业保证与发展基金组织

农业保证与发展基金组织设立在墨西哥银行内，主要由政府财政拨款组建而成，它由以下三个基金组织构成：

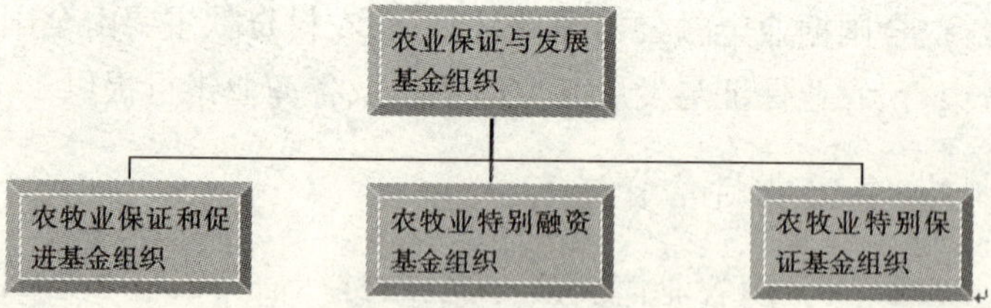

图2-2　农业保证与发展基金组织的构成

1. 农牧业保证和促进基金组织

1955年，墨西哥政府认识到：出于“营利性”与“安全性”权衡的考虑，仅仅依靠国有银行不能为农业提供足够的信贷资金，而私人银行因为农业生产的较高风险而不愿对小农场贷款。为了发展农业，供养不断增长的人口，墨西哥政府在墨西哥银行设立了该基金组织，私人银行发放的农业贷款可以由该基金组织贴现和担保。

2. 农牧业特别融资基金组织

1965年，墨西哥政府为了扩大吸收来自国际金融机构的中长期农业贷款，在墨西哥银行设立了该基金组织。该基金组织采用了与农牧业保证和促进基金组织相同的管理方法，对公共银行和私人银行发放的农业贷款进行再贴现以吸引外资。

3. 农牧业特别保证基金组织

20世纪20年代，墨西哥通过土地改革形成了许多村社，其社员的人数也不断增加。农民虽然有权使用分得的土地，但无权将其买卖。而且当时农业生产资金十分短缺，社员及时获得了土地，也缺乏进行农业生产的资金。但是由于他们不符合一般银行的贷款条件（不能通过土地抵押获得贷款），因而强烈要求政府为其提供获得贷款的机会。

为此，政府设立了农业保证与发展基金组织，为商业银行和地区银行发放的农业贷款提供担保。该基金组织设立于1973年，其职能是为商业银行向村社社员发放的农业贷款提供担保，并对这些银行帮助农民所花费的技术费用进行补偿。此外，农民要获得全国农村信贷银行的短期贷款，还必须事先参加农业保险。

四、商业银行

20世纪50年代以前，商业银行一般不愿提供利率低、风险大、成本高的农业贷款。1955年以后，政府规定商业银行的农业贷款可以由农业保证与发展基金组织再贴现和担保，这在一定程度上调动了商业银行发放农业贷款的积极性。20世纪80年代初期，商业银行发放的农业贷款约占全国农业贷款总额的20%。

商业银行的农村信贷资金除来源于自有资金、存款等通常渠道外，还来源于农业保证与发展基金组织的再贴现。在这种再贴现制度下，设在墨西哥银行的农牧业保证和促进基金组织根据商业银行的农业贷款报表，通过商业银行在中央银行的往来账户向其提供贷款，收取的贷款利率要比商业银行向农民收取的贷款利率低。不管农民是否还贷，商业银行必须按期将贷款归还给农牧业保证和促进基金组织。商业银行另外还可以获得农牧业特别保证基金组织提供的担保，以弥补贷款违约的部分风险。

商业银行在农业保证与发展基金组织的支持下，主要向大农场、农业综合企业以及一些村社组织提供长期和短期贷款，受益者人数较多。

五、农村信用社

在墨西哥，信用社在20世纪50年代有了长足发展，在最近20年完成了规范化进程。特别是在20世纪80年代后期，墨西哥将信用社正式规范和定位为小额信贷机构并加以发展。在1991年颁布的信贷协助机构及其活动总法案中明文规定了规范信用社活动的专门内容。在上述法案的基础上，1994年出台了合作社机构总法案。

墨西哥对信用社规范的主导思想是：将对公众吸收存款的信用社纳入到正规金融体系中来，引导信用社为急需资金支持的小企业主服务；改变以往金融服务主要针对贸易和商业行为的做法，积极满足生产领域的资金需求；改变以往发放贷款强调授信企业必须盈利的做法，着重审核企业是否存在盈利机会和未来发展；引导贷款人的信贷行为，改变以往贷款人消极被动的状态，认为贷款就是穷人，对生活充满悲观，引导贷款人积极主动申请贷款，取得对生产、生活的资金支持。

六、全国糖业金融公司

始建于1931年，由政府出资设立，其业务仅限于对甘蔗生产和制糖生产提供中长期贷款。全国糖业金融公司的业务活动仅限于对甘蔗生产和制糖生产提供中长期贷款，其贷款对象绝大多数为村社社员。

第三节　巴西的农村金融

一、巴西农村金融概述

虽然巴西的人均国民生产总值较高，达到了3300美元，但巴西的二元经济现象（在国民经济的发展中，较为发达的工业和相对落后的农业同时并存）十分典型，贫富差距极大，占人口10%的高收入者拥有全国50%的财富；另一方面，贫困和营养不良的低收入者为数众多。

农业是巴西政府优先考虑的部门，为了缓解社会矛盾、促进社会各阶层收入的均衡，特别是增加农民的收入，巴西政府做了许多努力。在农业资金供给方面，巴西政府以农村信贷计划为主要经济手段，为农村经济的发展提供了大量资金。

在农村金融方面，为农村提供信贷资金的主要是以商业银行为主，目前巴西已建立了国家农村信贷体系，这个体系包括巴西银行和其他商业银行。此外，开发银行和一些小型信用机构也向农村提供贷款。对农村的贷款由国家货币委员会制定计划，数额较大且逐年增加。农村贷款业务主要由国有的巴西银行经营,因而能够确保国家农村信贷政策的实施。农村贷款利率也由国家政策和法律规定,利率较低,利率补贴由国家政府提供。

1. 巴西银行

巴西银行成立于1808年,是巴西最大的商业银行,其资金力量雄厚,业务范围广泛。由其作为农村金融的主要经营实体,有利于加强政府的宏观控制,贯彻执行政府的农村经济政策和信贷政策。

巴西银行的职能是:巴西联邦政府财政与信贷政策的执行机构和国库的金融代理人;联邦总预算的支付者;执行对外贸易政策,为出口产品的存货提供资金;资助农、工业生产活动,执行农牧业产品的最低价格政策,等等。根据有关规定,巴西银行必须按照全国货币委员会制定的计划,组织发放农业贷款。

巴西全国的大部分农业贷款,是由巴西银行提供的。巴西银行2002~2003生产年度农、牧业计划信贷金额为217亿雷亚尔(巴西的货币单位,1雷亚尔≈2.83元人民币),较上一生产年度增长26%。巴西银行农村信贷的具体做法是:

(1)根据农民上一年度的产值及其种植面积发放贷款,小、中、大型农场主可分别得到相当于其生产资金100%、70%和55%的信贷。

(2)个人贷款限额为3万雷亚尔,集体贷款限额为15万雷亚尔。贷款期限均为5年,如遇特殊情况,贷款者可申请延期还款,但最长不得超过18个月。为确保中、小农户能得到贷款,巴西法律规定,商业银行必须将一定比例的农业信贷发放到中、小农户手中。银行信贷均为低息贷款,年贷款利率为8.75%。目前巴西个人存款年利率为10%左右。

2. 其他商业银行

按照巴西有关法律规定,商业银行对农民的贷款数量不得低于其活期存款余额的一定比例(按规模大小而有不同,一般不少于

15%)，在没有达到这个规定数量时，商业银行必须将未贷出部分作为最低准备金交存巴西中央银行，然后中央银行再通过巴西银行或其他银行将其贷出。

3. 开发银行

巴西全国有15家开发银行，其中包括巴西全国经济开发银行、几家州开发银行和几家地区开发银行。由于巴西十分重视农业的发展，开发银行贷款中用于农村、农业的为数不少。这些资金主要用于修建灌溉、抗洪、道路、仓储和其他农工业基础设施。

二、巴西农村信贷资金的运用

1. 贷款种类

20世纪60年代后期以来，巴西政府为促进农业现代化，除设立了农业机器出租站以外，对于农场主购买土地、农机、化肥、农药、良种等都提供贷款。

农村生产性贷款一般可按期限分为长期贷款和短期贷款两类。长期贷款期限较长，主要用于购买拖拉机、收割机以及其他农机具；短期贷款的期限一般为一个农业耕作季度，主要用于购买化肥、农药及良种，除生产性贷款外，还可以为农民提供少量的消费性贷款。

2. 贷款条件和贷款分配

农村贷款合同涉及利率、期限、担保品、补偿余额、风险以及流动性等条款，贷款一般要求用土地、房屋或其他流动性不强的资产作为银行的贷款担保。商业银行从盈利的角度考虑，往往乐于把农村贷款提供给大宗借款者（同为众多的农户及农村中小企业进行贷款相比，这样银行贷款成本较低，由于大企业一般贷款金额较大因而银行获得的收益也较高)，提供给那些拥有更多担保品和流动性资产的借款者(也就是提供给那些风险小的借款者)。这样，大农场主得到了大部分政府贴息和优惠贷款,特别是其中的长期贷款。为改变这一状况,巴西政府在20世纪中后期调整了农业贷款政策,采取了以下新的措施:

(1)取消按面积等因素决定贷款额的做法,改按采用现代化生产资料和技术的程度发放贷款。

(2)为稻谷、黑豆等急需谷物的生产提供100%的基本生产费用贷款。

(3)把政府和银行对小农户的贷款额由占农业贷款总额的10%增加到25%,并向小农提供100%的基本生产费用贷款,年息13%~15%;与此同时,向大农场主只提供55%的基本生产费用贷款,年息21%(巴西的通货膨胀率很高,如巴西2002年通货膨胀率达12.53%,年度通货膨胀率最高的是1995年,达22.41%),并按贷款数额实行累进利率。

上述措施使短期贷款的分配较为公平,在一定程度上满足了小农户的贷款需要。

三、巴西的农业政策与农村金融

虽然巴西的农业政策在1995年之后做出了重大调整,“产品售空计划”和“期权合约补贴”成为两个新的政策工具。但时至今日,巴西农业政策仍然包含很多方面,它们共同影响着巴西农业的发展和巴西农民的收入。巴西的农业政策由结构政策、国内支持政策和贸易政策等三方面构成,每个政策几乎都得到了信贷政策的支持。

结构政策主要包括土地改革计划和家庭农业支持计划。

土地改革计划的目的是吸引农民到内陆的中西部开发后备耕地资源,通过大规模经营促进农业竞争力的提高;而家庭农业支持计划则专门针对缺乏国际竞争力的小农,通过该计划使小农能够获得稳定的收入，以防止破产的小农向大城市过快流动而带来社会不稳定，最终保证整个经济的稳定发展。而促进土地改革的一项措施是于1999年成立“土地银行”，由联邦政府向农民提供信贷用于购买农村地产，从而推动社会基础设施的建设。2000年，这类信贷额高达2.67亿雷亚尔，1.56万家庭从27.6万公顷土地中受益。

家庭农业支持计划的主要目标是确保小农户的基本收入，增加农村就业机会，把小农固定在土地上，不让农民大量进入城市，抑制农业人口向大城市的过快流动而造成的城市社会问题，以维持社会稳定。该计划于1997年开始实施，1999年开始推广。

家庭农业支持计划有三条主线：

第一条是基础设施建设。主要是农村公共需要的道路、电信、电力、勘探、仓库的建设等。由市上报计划，农业部驻州代表处审核计划是否可行。然后组织一个评审组，由农业部代表处、州农业厅官员、市农业局官员和农场主代表(一般占50%)组成，根据气候、土壤、农民经验、当地市场情况及产量情况而不是根据作物种类，在可行的计划中确定优先扶持对象，由联邦、州和市三级政府共同出资(各约1/3)，农民不出资。在部分地区，也对农民购买农业机械予以支持，大体上农民和政府各出一半价钱。

第二条是农业信贷。给小规模农户提供比商业贷款利率(17%)更低的低利率(2%或6%)，分期付款的话还可以免除30%的本金。如果到期不能按时归还，可以向农业部门进行解释，可以考虑延长还贷时间。

第三条是免费对农民和技术人员进行培训，免费提供各种病虫害防治技术资料，但种子、肥料等仍然是商业行为。以里约州为例，该州没有大规模农场，主要是中小农场。54%的农场在10公顷以下、37%的农场在10～100公顷、9%的农场在100～1000公顷，基本没有超过1000公顷的农场(而巴西北部很普通的农场就可达到2.5万公顷)。近三年已经在34个市得到推广,约有1.4万个农民参加了该计划。其中用于技术培训的资金达300万雷亚尔、用于基础设施的资金约为3700万雷亚尔(其中联邦政府提供1500万,其余为州市两级政府提供)、农业信贷项目250项共提供1200万雷亚尔的贷款。

信贷政策的目的是为农业发展提供重要的资金保证,农业保险政策的目的是促进农民通过参加农业保险的方式来规避风险,农产品加工企业方面的优惠政策旨在增强加工企业发展能力的基础上确保农产品的销售,促进农业合作计划和政府的公路建设旨在从组织和基础设施环境等两个方面来为提升农民的市场谈判力量和农产品市场竞争力创造条件,税收政策和债务的减免更体现了政府对弱势农民群体的收入支持。

1. 信贷政策

政府根据农民上一年度的产值及其土地面积发放贷款,而且利率也各不相同(依次要提高2~3个百分点)。为了确保小农能够得到贷款,法律规定所有商业银行必须将其铺底资金的25%用于农业。以2000年为例,137.5亿雷亚尔的农村信贷资金中有71.2亿来源于这一项,占51%。从贷款的用途来看,89.27亿用于流动资金,23.1亿用于投资,25.12亿用于营销贷款。自1996年以来,营销贷款的增长非常快,从1996年的3.86亿增长到2000年的25.12亿,而投资贷款由1996年的15亿增长到2000年23亿,流动资金贷款由1996年的43.9亿增长到89.27亿。信贷资金的增长保障了农村经济发展所需要的资金。

2. 农业保险制度

限于国家财力和地区之间的不平衡发展,农业保险主要在较发达地区实行。巴西的农业保险具有以下特色:由联邦中央银行独家负责农业保险,其他银行只作为代理。分备耕、种植、管理和销售等四个阶段进行保险(与发放农业信贷同步进行)。保险范围以生产成本为上限,农民还必须与“巴西农牧业技术推广公司”签订技术合同,以确保农业贷款的回收。政府和农民各自负担50%的保险金,促进农民通过参加农业保险的方式来降低农业生产风险。这一间接的辅助手段,目前尚未得到完全推广,原因是农民仍然认为当前12%的保险费率太高。

第三章　欧洲部分国家的农村金融

第一节　法国的农村金融

一、法国农村金融概述

法国是世界农业大国之一，也是欧盟最大的农业生产国和世界主要农副产品出口国。法国政府重视农业发展，采取了大量补贴政策，欧盟配额和国家财政每年补贴农业97亿欧元，具体到农作物上，如小麦补贴为每公顷300欧元。此外，政府为支持和保护农业发展，设置了一些专门机构服务农业，如国家农业银行、农业保险公司等。

法国的农村金融体制是从下而上逐步形成的，长期以来较为稳定。早在19世纪，法国政府就颁布《土地银行法》，着手建立农业信贷机构，以融通农业资金支持农业的发展。1894年，法国通过法令建立了一批农业信贷互助地方银行，帮助支持农民自发成立的信用合作社开展活动。由于地方银行在规模、资金上难以满足需要，1899年法国又通过法令建立了农业信贷地区银行，作为基层地方银行的联合组织，协调有关地方银行的业务活动。1920年，依据法令成立专门的管理地方银行和地区银行的国家农业信贷管理局，1926年政府将这个行政机构改建为经济组织——国家农业信贷银行。同时，将合作性质的地区农业信贷互助银行、地方农业信贷互助银行分别作为其省级机关和基层信贷组织，形成了全国性的农村信贷体系。1926年国家农业信贷管理局改名为法国农业信贷银行，由农业部和财政部领导，形成一个全国性农业互助信贷体系，这样就逐步形成了法国的农村金融体系，并一直延续至今。

目前，法国开展农村金融业务的银行主要有4家，即法国农业信贷银行、互助信贷联合银行、大众银行和法国土地信贷银行。这些银行都是政府所有或受政府控制的，在法国银行体系中占有重要的地位。法国的农村金融体制是典型的合作金融型制度，核心机构是农业信贷银行。

1. 法国农业信贷银行

法国农业信贷银行在四家农村信贷银行中处于主导地位。它的分支机构所组织的资金和所发放的贷款占这四家银行总额的一半以上。法国农业信贷银行是法国最大的银行，2002年，其资产总额达到4964亿美元，按当时的世界排名它是世界上第7大商业银行。

法国农业信贷银行由省农业互相信贷银行和法国农业信贷银行联合组建而成，是一个上官下民复合组成的全国性的农村信贷银行。其最基层的机构是地方金库，即地方农业互助信贷合作社。中层是省农业互助信贷银行。这两层属私人合作性质。最高层总部，即法国农业信贷银行，为政府机构，属国家银行性质，总部设在巴黎。

2. 互助信贷联合银行

从1920年开始设立，在联合少数农村信贷合作社的基础上组建而成，是受政府控制的全国性农村信贷银行。总部设在巴黎，在各省有分支机构。主要发放住房、家庭用品等贷款。

3. 大众银行

创建于1917年3月，是法国互助合作性质的农村信贷机构。目前已形成大众银行集团,在全国设有分支机构1797个。大众银行的主要业务是吸收城乡存款,专门为中小企业、自由职业者和会员个人发放短期和中期贷款,它所吸收的存款和发放的贷款大约各占4家农村信贷银行总额的15%左右。

4. 法国土地信贷银行

始建于1852年,是一家股份有限公司,但董事长和两名副董事长由国家任命,实际上也是受政府控制。该行发放贷款的资金来源主要靠发行各种债券、吸收存款,以及向国家和其他金融机构贷款。其信贷业务主要有三种:

(1)传统的土地信贷和对地方上的贷款。土地贷款用于购买农业用地、农业生产设备和住房。对地方贷款用于兴建校舍、改善城市环境,由国家贴息。

(2)住房特别贷款。

(3)其他业务。一种是对某些票据贴现;另一种是代理国家某些贷款业务,如代国家发放救济性贷款等。

二、法国农村合作金融

从法国农村金融制度的发展历史上看,法国经历了农村合作金融发展的自发发展阶段,组织协调地方合作金融组织的阶段,国家对其宏观调控和管理阶段以及合作金融逐步商业化的阶段,但政府在农村合作信贷机构发展中始终没有完全退出。下面来简要介绍一下法国的农业合作金融体系。

法国的农业合作金融体系主要由国家农业信贷银行,94个省级农业互助信贷银行和地方信贷合作社三级构成。其合作金融模式是:

1. 组织架构

由三个不同层次构成:第一层是地方农业信贷互助银行,也称为农业信贷合作社，是基层民间组织；第二层是省农业信贷互助银行，由若干个地方农业信贷互助银行组成；第三层是全国性合作金融机构——法国农业信贷互助银行总行，由全国农业信贷金库联合94个省农业互助信贷银行共同组成，属于国家农业政策性银行，由政府官员和各省分行董事会成员中选派的董事共同组成董事会。农业信贷互助银行总行的资本金由政府财政拨款，省和地方农业信贷互助银行的资本金是社员自愿投入的，社员除了农民以外，还有小工厂主及雇员。

2. 管理体制

农业信贷互助银行总行是最高管理机关，受国家农业部和财政部双重领导，负责审查各省级农业信贷互助银行的有关账表，监督其业务活动。总行也是一级核算单位，负责票据的清算，对个别亏损地区给予低息贷款或一定的补贴。省级机构和其基层组织均为合作性质的信贷组织，省农业互助信贷银行由本省地方农业信贷合作社联合而成，由各地农业信贷合作社董事会成员中选派代表共同组成省分行董事会；地方农业信贷合作社董事会由股东代表大会选举产生。总部、各省分行均为独立核算单位，实行两级核算，整个系统实行三级管理，三级营业。

3. 运行机制

农业信贷互助银行总行是一种商业性质的政府行政机关，不经营一般的信贷业务，主要是向各省合作银行提供资金支持、办理结算和内部稽核等。总行实行董事会领导下的经理负责制，最高权力机构为全体委员会，其成员来自于议会代表(参众两院各3名)、政府官员、有关行业组织代表、地区合作银行代表，其执行机构为理事会，成员中7名由全体委员选举产生，另外4名为政府官员和该行的总经理，其总经理由政府任命。省和地方农业信贷互助银行的经营管理严格按信用合作的原则进行。

总体来看,法国农村金融组织模式是典型的"半官半民式"体制模式,根据互助主义和权力分散原则,其体系由地方农业信贷互助银行、地区(省)农业信贷互助银行和中央农业信贷银行(法国国家农业信贷银行总行)三个层次组成,是在政府的支持下,在民间信用合作组织基础上由下而上逐步建立起来的。

地方农业信贷互助银行是基层组织，也是合作性质体现最集中的环节，由个人成员和集体成员入股组成，下设服务网络营业所;地区(省)农业信贷互助银行是全省农业信贷互助银行的法人代表,由若干地方农业信贷互动银行组成,在人、财、物等方面有较大的自主权。

中央农业信贷银行是会计独立的官方金融机构，是法国农业信贷银行的法人总代表，也是全国农业信贷互助银行的最高管理机关。该行实行中央集权与地方分权相结合的管理方式,实行两级核算,总行为一级,省级及下属共同为一级。总行与省行的对接点，是官办与民办信贷互助银行的结合部，地方和省级银行都是群众性的合作组织。1945年由省级农业信贷互助银行组成的全国农业信贷联合会，与总行不存在隶属关系，不从事任何银行和金融活动,而是作为省级农业信贷互助银行在国家一级的代表,参与决定农业信贷政策。

从农村金融机构与政府关系看，法国直接以国家的政策性银行——国家农业信贷银行作为合作金融的中央机构，管理省级分行的剩余货币资金，并为各省级分行之间及其他银行之间提供清算服务,在各省级分行出现资金短缺时,对其提供信贷支持,从而对合作金融的运作提供最后的保证。

三、法国的农业保险

法国是一个农业比较发达的国家，同时也是频繁发生自然灾害的国家，也是农业保险起步较早、发展较快的国家之一，并以经济作物烟叶互助保险的经营最引人注目。

1900年7月，法国政府颁布农业互助保险法，界定了农业互助保险社的法律地位和权益，划分了互助保险社应承担的风险范围。该法的颁布，为法国农业保险社的发展创造了良好的法律环境，也标志着法国农业保险法制化、规范化进程大大加快。此后，法国农业互助保险社的发展速度明显加快，数量不断增加。20世纪40年代，为了加大对农业互助保险社的支持力度，强化对农业互助保险社的统一管理，法国组建了中央互助保险机构。1964年，建立“农业损害保证制度”，拓宽了保险范围。1966年成立再保险机构，中央保险公司为大区保险公司提供再保险，大区保险公司为众多地方互助保险社提供再保险，提高了农业保险社的承保能力，分散了经营风险。

法国农业互助保险机构由三个层面构成，呈“金字塔”型，组织结构十分清晰。

一是处于“金字塔”顶端的中央保险公司，主要负责制定经营方针，对地区或省级保险公司提供再保险。中央保险公司的董事会成员由地区或省级保险公司的代表构成。

二是处于“金字塔”中部的地区或省级保险公司。法国地区或省级保险公司共有22家，其中法国本土18家，海外2家，专业保险公司2家。地区或省级保险公司属于自主经营的企业，在全国各地设有营业网点，独立开展经营活动，并对基层的农业保险社提供再保险，在中央保险公司与农业保险社之间起到承上启下的作用。

三是处于“金字塔”底部的农业互助保险社。农业互助保险社是法国农业保险最基层的经营单位，约有9000家，分布于广大乡村，直接面向农民提供各类保险服务。农业互助保险社的布局根据乡村规模的大小而定，一般一个乡镇设立一家农业保险社，但也有一些地区因客户少，几个乡镇共同拥有一家农业互助保险社。

1840年法国成立了第一家地区性互助保险公司，1986年该公司被正式确定为法国农业互助保险集团公司，至今已有160多年的历史。该公司以政府控股为主体，吸取社会参股，下设农业相互保险公司、非农业财产保险公司、农民寿险公司和农业再保险公司4个保险公司。其中，农业相互保险公司承保全国农民的所有财产、疾病和意外伤害中断间的损失；非农业财产保险公司承保农村的屠宰商、面包商、手工业商、小商业者的财产、疾病和意外伤害保险；农民寿险公司承保农民和非农民的人寿保险和死亡保险业务；农业再保险公司负责对内对外的分保业务。由此可见，该集团是将农业保险的经营范围由狭义的农业保险扩大为广义农业保险并将其作为一个系统统一进行承保经营。法国农业互助保险在政府的大力扶持下发展迅猛，对减少法国农民损失，促进农业发展，实现农业现代化，发挥了重要作用。

通过国家立法保护农业保险、政府为减轻农民的保费负担向农民提供很大比例(50%~80%)的保费补贴、向保险公司提供费用补贴与税收优惠政策等等。建立政府与社会共同联办的国家保险公司独立经营广义农业保险。到目前为止，法国农业互助保险集团公司净资产已达45亿欧元，保费收入120多亿欧元。

第二节　德国的农村金融

一、德国农村金融概述

德国把农业和农村发展定位在更为广义和重要的位置上，其农业和农村发展政策重视环境保护、财政支持、农地合并、村镇建设和可持续发展等。2002年德国联邦政府的农业支出约为100亿欧元,欧盟补给德国约80亿欧元。在180亿欧元中,用于实施农业社会政策如支付农民的养老、医疗、失业保险等占了66%。对农业补贴的另一方面是各种补贴、津贴。农民可以从欧盟、联邦和州政府得到津贴,政府也通过津贴对农业的发展进行干预。据有关研究表明,2002年农民收入的大约40%是通过出售农产品从市场上获得的,60%左右的收入从各级政府得到。

德国是世界上最早建立农村金融制度的国家,当时叫做土地抵押合作信用制,即不动产金融制度。同时它还是世界上信用合作的发源地,1894年,在德国的莱茵地区建立了世界上第一家信用合作社——雷发巽信用合作社。随着经济生产以及金融服务业的不断发展,信用社在德国农业及农村经济的发展过程中,起到了重要的作用。这样,德国农村金融从起源于不动产金融,继而又兴起于农业信用合作社,从而逐步形成了由不动产金融、合作金融和动产抵押信用组合而成的农村金融体系。

1. 德国农村金融市场上信贷资金的供给者

在德国,与其他专业信贷市场一样,在农村信贷市场上,银行也是农村信贷的主要供给者。除银行外,私营农产品经营者及产品合作社也提供农村信贷。根据德国联邦银行的统计资料,在"农、林、渔业贷款"项目下,下述德国各类银行机构发放农村信贷。

(1)信贷银行。包括大型银行,如德意志银行、德累斯顿银行、商业银行、外资银行、区域性银行及其他信贷银行。1998年底,这类从事综合经营的银行企业的农村信贷余额达79.93亿马克(德国以前的货币单位),占其信贷总余额的1.15%,在农村信贷市场上的份额为12.55%。

(2)区域性的中心合作银行。如德意志合作银行下属的德西、德南和斯图加特3家合作银行。

(3)信用合作社。包括大众银行(城市信用合作社)和莱夫艾森银行(农村信用合作社)。它们的服务对象主要是城乡中、小型企业及农村企业,莱夫艾森银行本身就是农村信用合作社,客户群主要在农村经济领域。

(4)抵押信贷银行。包括私营抵押信贷银行和公营土地信贷机构。这些抵押信贷银行是一些以经营不动产(如房屋)为抵押品而发放长期信贷业务(抵押贷款)的银行。其业务范围受到抵押银行法的严格限制,只能专门从事抵押信贷业务。也正因如此,其在农村信贷市场上的份额也在逐渐缩减,由1980年底的10.33%下降为1998年底的6.01%的份额。

(5)特殊功能的信用机构。包括德国垦殖和地产抵押银行、复兴信贷银行及农业地产抵押银行等16家金融机构,它们共拥有36家国内分支机构。与20世纪80年初相比较,这类金融机构不论是农村信贷资金总额的绝对量还是其在农村信贷市场所占份额,均有所下降,尽管如此,这类金融机构在德国金融市场上特别是农村信贷市场上所占据的地位仍是相当重要的,对于农业乃至整个德国农村经济的持续发展均起着相当重要的作用。

在德国的农村金融中,如土地抵押信用协会、土地信用银行等,这些机构受国家的控制和监督,执行国家农村信贷政策,不以盈利为目的,体现了国家对农业的扶持,较好地推动了德国农村经济的发展。

2. 德国农村信贷市场的特点

德国农业在整个国民经济中的地位并不高,正如我们在前面讲到的那样,德国农业就业人数只占社会就业总数的2.4%,农业产值只占国民生产总值的1.02%,但是德国农村信贷市场却异常活跃,独具特色。概括而言,可以发现德国农村信贷市场有以下几个特点:

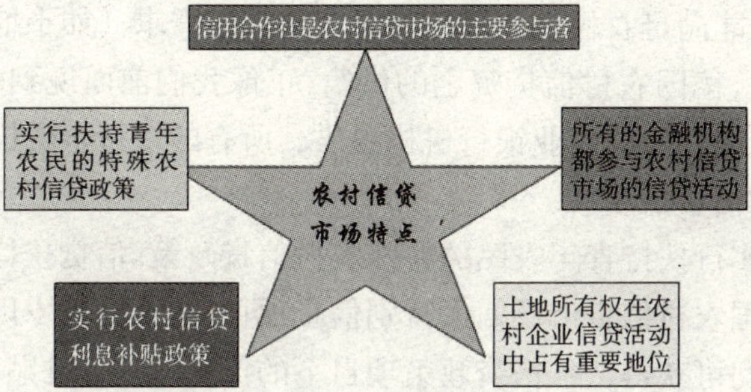

图 3–1 德国农村信贷市场的特点

(1)信用合作社是农村信贷市场的主要参与者。德国合作金融部门在经历了一个曲折的发展过程以后，逐渐走上了联合与集中以及规模化经营的发展道路，并最终形成了由德意志合作银行、区域性中心合作银行、信用合作社(大众银行和莱夫艾森银行)以及信用合作社的基层营业网点所组成的日臻完善的合作金融组织体系。

虽然近些年来，德国的信用合作社个数不断下降，但分支机构数却不断增多，而且其资产负债总额也不断增大。到1998年底，信用合作社的农村信贷余额已翻了一番多，由1980年底的117.31亿马克上升到276.28亿马克。由此，其农村信贷市场占有额也从1980年的35.46%上升到43.39%，在德国农村信贷市场上所占据的市场份额一直居于所有金融机构之首，是德国农村信贷的最大供给者。

(2)所有的金融机构都参与农村信贷市场的信贷活动。德国实行的是全能银行制度(不仅经营银行业务，还经营证券、保险业务，甚至还直接控股企业)，虽然也存在专门性质的农村金融机构(比如农业地产抵押银行和土地信贷银行等)，但由于这些金融机构或是不直接参与农村信贷（例如农业地产抵押银行是通过其他银行发放农村信贷的，是一种再融资性质的金融机构），或是资金实力有限不可能满足农村企业对信贷资金的大量需求（如土地信贷银行），因此，德国农村信贷资金的供给，正像我们前面说到的那样，主要靠专门性质的商业银行机构提供，所有的银行金融机构都参与了农村信贷活动。

(3)实行扶持青年农民的特殊农村信贷政策。信贷扶持青年农民，是德国农村信贷市场四大特别信贷项目之一。凡40岁以下的青年农民，均可获得特殊信贷政策项目下的优惠贷款或补贴。实施此项信贷政策的目的，一方面在于帮助青年人从事农村企业经营管理，另一方面在于鼓励更多的年轻人投身于农村企业的经营，鼓励和促进他们继承或接管农村企业，以便于新一代农村企业经营者的成长。

(4)实行农村信贷利息补贴政策。二战以后，德国信贷市场的利率一直居高不下，由于农业天生所具有的高风险、弱质性与外部性，因此无论是对农业还是对于农村企业来说都非常不利。因此，从1954年开始，德国联邦政府开始对农村信贷实施利息补贴并一直延续至今。补贴范围较广，主要包括中小型企业的增资扩股、互助组织、牛奶加工作坊、土地归整、农民的培育等。

(5)土地所有权在农村企业信贷活动中占有重要地位。为了强化信贷资产的管理，减少或避免银行信贷风险，除了对大型工商企业放贷不要求抵押与担保之外，一般企业的贷款，银行都要求贷款企业提供抵押和担保。在银行的抵押贷款活动中，农村种养企业抵押贷款中大约90%是以土地所有权作为抵押品的。可见，土地所有权在农村企业信贷活动中具有不可替代的作用。

二、德国的合作金融制度

德国是世界合作金融组织的发源地。早在19世纪50年代，威

图 3–2　法兰克福商业银行部总大楼

廉·雷发巽就创立了农村信用合作社，也就是沿用至今的雷发巽合作银行（又译作莱夫艾森银行）。不久，舒尔茨创立了城市信用合作社，也就是沿用至今的大众合作银行。1889年德国有了合作社立法，1885年组建了德国中央合作银行，并建立了德国合作社协会。100多年来信用合作组织先后传播到世界各地，成为一个具有世界规模的运动。

德国的合作金融组织已经形成遍布城乡的合作金融组织网络和健全的合作金融管理体制。德国是世界最早建立农村金融制度的国家，其农村金融制度的历史已达200多年历史。德国是欧洲农业信用合作的发源地，因此德国农村金融是以合作金融为主体。在德国农村信贷市场上，信用合作部门所占有的市场份额从1980年以来一直都占有1/3以上。

经过一个多世纪的发展，德国形成了富有特色的合作银行体系，从组织架构来看，分为三个层次，各层机构都是独立的企业法人。

第一层是地方性基层农村信用合作社，资本金主要来自于农户、小农场主、银行雇员、自由职业者以及社会援助，全国共有2500家，直接从事信用合作业务。

第二层是三家地区性的管理机构，即地区性合作银行，分别是德西中心合作银行、德南中心合作银行和斯图加特中心合作银行。

第三层是全国合作金融组织的中央协调机关——德意志中央

合作银行(属于信贷合作联合会)。其总部设在国际金融中心之一的法兰克福，是德国地区合作银行的资金融通的中介和信用合作结算体系的管辖行，为地区合作银行乃至整个德国信用合作体系服务。作为德国合作金融业的龙头机构，德意志合作银行主要通过以下业务活动间接辅佐信用合作社（如莱夫艾森银行和大众银行)。

(1)吸收合作银行的剩余准备金，并投资于国际、国内资金市场。

(2)在个别成员银行资金周转失灵时提供融资，是一个再融资中心。

(3)通过债券的发行筹集资金。

(4)负责德国合作金融领域跨区域性的资金划转结算，是一个清算中心。

(5)开发较高价值的资产投资形式。

(6)通过一个有成员银行参与的、在德意志合作银行和区域性中心银行基础上成立的国外经济开发组织，负责成员银行国外业务的结算。

三个层次间自下而上地持股，下一层合作银行持有上一层合作银行的股份。

具体而言，德意志中央合作银行管理体制由以下几部分组成：一是自下而上逐级入股、自上而下服务的合作银行体系；二是依托联邦中央银行和行业审计的监管体制；三是信用合作与其他合作社相互融合的行业自律体系。

德意志中央合作银行体系组织体系完整，层次分明，充分体现上级机构为下级机构提供服务、基层合作银行坚持为社员服务的原则；各级机构均有健全的民主管理组织和严格的管理制度，决策较为民主、科学；具有严密的审计监督系统和风险防范与保护系统，能够保证合作银行在规范的基础上不断发展；具有健全的资金融通和资金清算系统，保证了合作银行体系资金的流动性和效益性；行业自律组织发挥了重要作用。

从管理体制上看，监督机构是合作审计协会。合作社必须加入一个合作审计协会，由该协会对合作社的机构、资产及业务活动定期进行审计监督。基层合作金融组织直接经营货币信贷业务；地区性的管理机构主要从事协调管理工作，为基层合作金融机构保存准备金和融通资金，提供信息，对外联系；全国性的中央管理机构，主要从事管理协调工作，处理地区行无法承担的付款业务，负责与政府其他机构联系和国际间的业务往来等。

从运行机制上来看，从下至上的上存资金，自下而上的融通资金。每家基层合作银行都要按年度以其风险资产的一定比例存入特别专项基金——贷款担保基金，一旦成员行出现大的危机，难以独立承担时，由该基金全额补偿。

三、特殊功能的信用机构

1. 农村地产抵押银行

对德国农业部门来说，一个重要的具有特殊功能的金融机构是德国农村地产抵押银行，它属于德国的政策性银行。其业务范围在于满足农、林、渔及食品行业的信贷需求，随着经济的发展，其业务活动范围也逐渐延伸到食品行业、农村乡镇和与农业有关的领域。

其资金来源在业务发展初期主要依靠财政资金以及一些特别基金（如马歇尔计划基金），在1973年以后，则完全依靠货币市场和资本市场来筹集和融通资金。

尤其值得一提的是其实施了四个特别的信贷项目，即种养业特别信贷项目、青年农民特别信贷项目、村镇整治特别信贷项目及区域结构调整特别信贷项目，这些项目的实施为德国农业及农村经济的发展做出了贡献。

2. 德国垦殖与地产抵押银行

对德国农业和农村来说，另一个信贷机构是由原德国地产抵押银行和德国垦殖银行合并而成的德国垦殖及地产抵押银行，其主要业务领域是向有利于农村领域内经济关系和经济结构改善的各种投资计划提供中长期融资，包括乡村住房建设、村镇整治、农业生产性建筑物建造和维修、农业机械设备的购置、农业地产的购置、农产品加工和贸易以及农业生产资料的生产等。

其资金来源主要是吸收的存款、从其他金融机构借来的资金、信托资金和通过发行抵押债券、地方债券和其他有价证券。

3. 德国复兴信贷银行和德国工业银行

除了上述我们所提到的两家特殊功能的金融机构之外，德国复兴银行和德国工业银行在农村信贷市场上也占有一定的地位。这两家金融机构以援助的方式向那些有利于德国经济复兴和促进经济发展的项目提供低息贷款和担保，并向中小企业提供中长期信贷。

不过，其主要的业务方向或业务领域不在农业和农村，其在农村信贷市场上仅起到辅助性作用。

四、德国的农地金融制度

根据我国学者李延敏、罗剑朝的研究，德国的农地金融制度建立于18世纪下半叶，当时兴起是为了抑制农村高利贷，为农业吸引资金，后来转变为服务于土地制度改革。18世纪下半叶，德国遭受战乱，农民多数逃亡，原来富有的大地主也负债累累，高利贷活动的猖獗，使农村经济雪上加霜。为解除高利贷的盘剥，使资金流入农村，振兴农业，政府下令组织抵押信用合作社，于1770年在普鲁士的西里西亚省成立德国第一个土地抵押信用合作社。土地抵押信用合作社由想借款的大地主组成,由政府授权发行公债,以社员的土地为担保发行土地债券,在证券市场上出售,获得长期低利资金借给社员。这种合作社对于抑制高利贷,复兴农业发挥了重要作用,但当时的土地金融制度是专为贵族地主的长期信用需要服务的。

19世纪初期,随着德国开始土地改革运动,即允许农民用赎金购买份地和村社公有土地,扶持自耕农,逐步消灭大地主,土地抵押信用合作社的成员和宗旨都发生了变化。普通农民成为土地抵押信用合作社的主体,土地抵押贷款成为农民可利用的主要长期信用工具,土地抵押信用合作社成为服务于土地改革运动的长期金融机构。现在,以土地抵押信用合作社为主体的德国农地金融体系以贷款协助农民购买土地、开垦土地、兴建水利、道路、耕地平整和造林为宗旨。由此可见,德国的农地金融制度从早期以抑制农村高利贷为主要目的,到近期成为促进土地改革与农业的发展的重要措施。

德国的土地抵押信用合作社是民间合作性质的组织,合作社由社员共同拥有,借款人获得贷款,缴纳少量入社费、合作社办公费后即成为正式社员,并与其他社员一起共同担保还本付息的责任,贷款清偿后,自动退社与合作社脱离关系。但政府在农地金融机构的建立及发展中都发挥了主导作用,表现在从法律到实际运作的全程,给予多样化支持。政府通过多种方式扶持农地金融机构筹集信贷资金,如农地金融机构的资金主要来源于发行土地债券;政府还为农地金融机构发行的债权提供担保,为其在国内外资本市场上发行债券筹集资金提供便利,并降低其筹资成本,德国政府授予土地抵押信用合作社发行债券的权利,并担保还本付息。许多国家农地金融体制建立的目的是为农业、农村发展提供长期、低利资金或服务于土地制度改革,因此,德国的土地信用合作社在设立之初就只从事农地贷款业务，并不从事诸如吸收储蓄存款、结算等银行业务，形成只从事农地贷款业务的专业性金融机构。

第三节　英国的农村金融

一、英国农村金融概述

第一次世界大战以后，为了促进农业生产发展，英国政府设立了农业信用调查委员会，调查农业长、短期信用及信用合作，而后颁布了农业信用法。该法的宗旨是农民能用土地作为抵押物向政府借贷60年以内分期偿还的借款，贷款最大额度为抵押资产价值的3/4或每年收益的30倍以内。1928年，英国政府又在研究农业信贷改革的基础上制定了新的农业信用法。至此，英国才有了较为系统的农村金融组织。

目前，英国的农村金融体系可分为长期金融和中、短期金融两大部分。长期金融机构以农业抵押公司、清算银行和土地改良公司（主要对土地所有者融通农地及农业建筑物的改良资金）为主；中、短期金融机构以商业银行和合作金融（农村信用社）为主。同欧美其他发达国家相比较，英国的农村金融主要是以商业银行为主体，信用社的服务不发达。

二、农业抵押公司

它是一家私营金融控股公司，由英格兰银行等10家银行作为其股东。农业抵押公司利用股东银行下属的支行营业，不再增设新机构。农业抵押公司的资金来源除股东的本金外，还有向政府借入的无息贷款以及用贷款押契作担保发行债券，不办理存款。它的贷款限于以农地和建筑物作抵押的一次性抵押贷款，并通过股东银行办理。

抵押贷款额度最高不超过抵押品估价的2/3，期限最长为60年(土地改良抵押贷款最长为40年),偿还采取每半年或1年分期摊还。

三、清算银行

它除作为农业抵押公司的股东,间接向农业提供贷款外,其分布在农村的分支行还直接提供农业长期贷款，在贷款总额中农业贷款大约占10%,其中中长期贷款大约又占一半。

四、商业银行

与法国和德国的金融制度不同，英国农村金融实行的是商业银行型农业金融制度。该种金融制度的特点是农业信贷资金的主要来源是商业银行,而不是专门的农业金融机构。

英国之所以能实行这种农业金融制度，与其历史和农业发展的特点分不开的。英国是银行制度最早建立的国家之一,当欧洲大陆展开农村信用合作运动时，英国的大商业银行已经在农村普遍设立了分支机构,阻碍了英国农村信用合作社的发展。第二次世界大战后,虽然英国也建了少数农村信贷联合会,政府也扶持一定的金融机构向农民提供长期贷款,但是两者都不如商业银行普遍。由于英国农业十分发达,经营农业的收益较高,对农业放贷风险低、收益高,加之英国的商业银行具有雄厚的资金实力,故其愿意也能够为农业发展提供全面的金融服务。

英国商业银行提供的农业贷款中，短期贷款约占50%，其中1/3为无担保贷款,但农场需对农具和家畜等实行保险。

五、农村信用社

英国信用合作社的一个突出的特点是它是一种非盈利的社团

组织。即为社会提供金融服务，并以相当低的利率和比较优惠的条件件向社员提供贷款。

信用社的资金来源主要是社员存款。信用社规定每个社员须定期存入小额资金，最高不超过2 000英镑，所有存款人都是信用社的“股东”。信用社贷款主要用于购买住宅、家用设施、耐用消费品以及其他特别开支，如结婚费用等。信用社的存、贷款利率，明显低于其他金融机构，这是由它的非盈利性的目的决定的。

第四节　丹麦的农村金融

一、丹麦农村金融概述

在西方发达国家里，丹麦的农业有自己鲜明的特色。丹麦面积不大，农业一直是它的支柱产业，同时它也是一个农业强国，农牧业高度发达。而之所以能够取得这样的成果，与丹麦农村金融的支持是分不开的。

丹麦农村金融体系由三个部分组成，即合作金融组织，商业银行和其他农村信用。各种金融组织既有分工以发挥各自的特长，又有协作，发挥整体效应。各种类型的金融机构为农业及农村提供农业贷款、外汇结算、小型机动车销售等多功能综合服务。其中以合作金融最为重要，它所提供的贷款约占农场信贷资金来源的一半。

二、丹麦的合作金融组织

丹麦的合作金融体系由合作银行、农民贷款合作社、农民抵押信贷基金会等组成。

1. 丹麦合作银行

丹麦合作银行始建于1914年，在丹麦经济中发挥了重要作用。

合作银行的宗旨是:通过包括国外汇兑在内的各种金融业务,与其他储蓄银行、金融机关互相协作,以支持合作事业。合作银行的资金来源主要是存款和股金。业务范围广泛,与商业银行类似,除为农业提供贷款外,也贷款给工业、商业和服务业。在经营一般业务的同时,也经营外汇业务,代办小型机具的销售等。贷款对象主要是合作社,其贷款额占2/3以上,其余为个人和其他组织贷款。贷款以短期为主。丹麦合作银行的贷款条件是:贷款的农民必须受过良好的教育和训练,有较好的信誉;有1/3以上的自有资金,向银行提供农场的收益分配情况,并在银行开立账户进行结算;银行对贷款要承担风险。

2. 丹麦农民贷款合作社

它最早产生于1851年, 到1960年时已成为农村的主要融资组织。其融资额在丹麦不动产抵押贷放中约占50%。1971年丹麦对不动产信贷体系进行改革, 该社在全国范围内划分为三个贷款合作社,即丹麦贷款合作队(主管全国业务)丹麦联合信贷社(负责岛屿部分)日德兰信贷社(负责日德兰大陆)。贷款合作社由借款者组成,不吸收股金,只在社员和金融市场的放款人之间起保证人和中介人的作用。贷款的办法不是向借款人发放现金,而是以借款人资产作担保,向其交付利率为3.5%~5%的无记名债券,这种债券同其他有价证券一样,可由借款人出售或抵押提现。贷款合作社贷款对象主要是农场主和合作社。

3. 农民抵押信贷基金会

同农民贷款合作社不一样,农民抵押信贷基金会专门为农业、林业、园艺等部门提供贷款,贷款额可达企业资产的70%。贷款主要用于购买资产、土地、机器和牲畜,贷款期限5~30年,分期偿还。

丹麦的农场虽然是私人占有的,但根据丹麦农业法的规定,农场主不得向自己的子女无偿赠送或馈赠农场。青年子女如果想要务农，必须按市场价格从其父母那里购买，购买之前，要请咨询专家对各项经费预算进行评估，才可能从银行获得贷款。在丹麦为青年农民开的抵押信贷机构较为独特，它专门为这些农民提供以土地为抵押的大额借款，而抵押的土地就是自己父母已经经营的土地。按照丹麦法律，抵押信贷机构允许的贷款量只能相当于农场总价值的70%，承担的风险不大，相反给农民发放贷款的其他银行则往往有较大的风险；而青年人必须积蓄资金，他如果到期还不能交付抵押信贷的利息和本金，抵押信贷社将接管整个农场。因此，青年人必须在2～3个农场进行农业实习9个月，学会各种农活，积累从生产到销售各方面的知识，同时也获得可观的工资。通过这种办法，可以缓解农场内存在的资金短缺的问题，给农场注入持续经营的新资金。

通常，青年农民先筹资买下农场的一半，与其父母一起从事经营数年，父母也向子女支付相当的报酬。只有青年农民有了相当的实力，有能力实现扩大再生产的再投资，才购买和接管整个农场。这样做，青年人不仅有较好的经营能力和业务素质，而且懂得他的农场来之不易，应当努力使自己农场增值。这样，农场在一代人之间每周转一次，就得到一次新的投入，并且保证农场继续由有志于务农并且具有较高专门技能的青年人经营。

三、商业银行

在商业银行经营的农村金融业务中，主要以丹麦银行为主。

丹麦银行在1976年前也叫丹麦农业银行，随着服务领域的扩大，在1976年后改为丹麦银行，已经成为丹麦最大的提供多功能服务的综合性商业银行，对农业、交通运输、服务行业提供多功能、多方位的服务。其贷款以短期为主，是农村短期贷款的主要供给者。它也提供期限为30年的长期贷款，为开发性生产提供信贷支持。

四、其他农村信用

丹麦的其他农村信用是农村金融的重要补充，主要有以下几种：

1. 政府土地开发委员会

是政府信用组织，通过发放贷款，扶持农场主建立小农场。20世纪50年代以后，贷款规模减少，大约只占丹麦农业贷款的1%。贷款对象也由支持一般农场主转变为主要扶持青年农民新建农场。贷款条件较为优惠，在五年内无息不偿还，五年以后利息和偿还条件仍从优。这种贷款约占其整个贷款的80%，其余20%的贷款用于追加购买土地、扩大农场规模，以及土地改良等。

2. 商业信用

全国性的商业信用组织主要包括：在1939年初和1957年分别建立的小农场主购买协会和农场主联合购买财政协会。小农场主购买协会的贷款以国家掌握的资金为基础，只向规模小的农场提供贷款，期限5~6年。农场主购买财政协会业务与小农场主购买协会相同，但所需资金是按市场利率通过银行和储蓄银行取得，贷款期限3~5年。这两个组织的贷款主要用于购买机器设备。

第五节 荷兰的农村金融

一、荷兰农村金融概述

荷兰国土面积虽然不大，资源贫乏，但却是世界上占有重要地位的农业强国，其花卉业、畜牧业、农产品加工业等都在世界农产品市场上占有十分重要的地位。农业的发达自然离不开资金的支持，除了政府的扶助之外，农村金融在这其中发挥了巨大的作用。

荷兰农业原来极其落后，19世纪末20世纪初，农民生活非常贫困，农产品产量很低。农民没有资本进行投资。当时商业银行不愿向农民提供贷款，农民只有向工厂主、商人、公证人和投机商融通资本，因而产生借贷条件苛刻、利率高的现象。当时荷兰政府对这一情况很重视，成立了皇家调查委员会，经过广泛调查，于1890年提出调查报告，强调了对农村地区，特别是农业进行筹资以发展农业生产，提出借鉴德国的经验，建立了合作社银行（可以说荷兰的合作体系源于德国）。1864年荷兰建立了第一家信用合作银行，1896年成立了第一家地方合作银行，1898年建立了荷兰中央合作银行。

荷兰农业的迅速发展和荷兰农业合作银行的支持是分不开的，它是为发展农业而建立，在建立之后确实为荷兰农业的发展发挥了应有的作用，在几十年的时间里，使得荷兰农业从一个十分落后的状况迅速地成为世界农业强国。以2000年为例，荷兰农产品和食品出口额高达292.8亿美元，仅次于美国、法国，进出口总量为世界第三，净出口为全球第一。花卉生产发达，每年出口约50亿欧元，占世界市场的43%。

二、荷兰的农业合作银行

从建立到目前已经经过了四个发展阶段：

1. 起始阶段（1900年～1930年）

这一阶段，全国大约建立了1 260个独立的合作社银行，这些银行的资本主要是向当地农民自愿捐献筹集而成。工作人员由农民自愿担当，用工余时间在家里处理存、贷款业务，客户都是当地农民，贷款效果很好。这些银行的建立，对缓和当时农村的资金紧张状况，改善农民的筹资能力，支持农业生产的发展起到了良好作用。这一时期是合作社信用体制在全国的诞生时期。

2. 发展阶段(1930年~1950年)

这一阶段,合作社作为一种推动力量,从一种应急措施发展成为社会运动,1925年前后,荷兰在全国建立了合作银行网,各合作社银行的管理业开始科学化、规范化。储蓄存款服务种类增多,贷款期限延长,合作社银行对农民发放贷款采用抵押贷款的形式。这时的合作社银行目标仍然是对农村地区发放农业信贷。

3. 多样化、稳定化的阶段(1950年~1980年)

这一阶段的两个明显情况是:储蓄存款大幅增加,储蓄服务形式多样,资本出现剩余,开始向农业以外的部门投资;货币改革导致了顾客阶层的扩大。合作社已超出了农民范围,开始成为所有者的银行。

4. 创新阶段(1980年至今)

1972年,荷兰的两家商业银行合并,组成了如今的荷兰拉博银行,成为了农民投资的保障,它是农民自己的合作银行。目前拉博银行已经成为欧洲最具实力的银行之一,国际业务迅速发展,截至2004年末,拉博银行总资产4750亿欧元,资本金181亿欧元,对私人贷款2530亿欧元,托管资金1921亿欧元,净利润15亿欧元,占据农业与农村信贷市场份额的85%以上。另外在其他一些农业和食品加工业非常发达的国家和地区,拉博银行也都非常活跃,是为农业和食品加工业提供金融服务的全球领先者。

目前拉博银行共有350家成员行、2965家营业网点,244家海外分行,其总资产和一级资产在全球大银行中均排名30位以内,是目前世界上有影响力的大型银行之一,已连续数年被《全球财经》杂志评为“最安全银行”之首,连续十多年被世界上主要评级机构评为AAA级银行。

三、荷兰拉博银行

从组织体系来看，荷兰拉博银行为注册合股形式的金融机构。拥有942家地方性拉博银行（均为独立法人资格的金融机构），设有2000多个办事处及分支机构。总行由各地方银行入股组成，各地方性拉博银行是其会员及其股东。拉博银行总部与各会员银行之间，通过三种组织使他们相互连接起来，即地方代表大会、中央代表大会、技术委员会，形成一个自下而上的决策系统。地方代表大会和中央代表大会主要是反映情况，讨论重大决策，确定经营方向和发展战略；技术委员会是中央合作银行的辅助机构，由资深专家组成，主要为中央代表大会提供技术性的信息资料，提出发展业务、开发新金融服务产品的建设。需要指出的是，这三种组织都无权对会员银行指手画脚，而来自会员银行的代表却有权对总行提出意见，影响其战略性和政策性的决策。

在保持各地方银行独立性的同时，“进行更高层次的合作”是荷兰信用合作体系的主要特点之一。这种合作，主要体现在以下几个方面：一是在拉博银行系统内进行融资；二是以“交叉担保系统”为依据，建立系统保险体系；三是以拉博银行总行为代理人，代理会员银行办理较高层次的金融业务。

地方拉博银行办理存款、贷款、结算、保险等方面业务，资金宽余可以存入总行，不够时可借入，以对大的客户进行大额贷款。负责为基层银行培训人员以及进行有关人员的职务任免和审计稽核。

村级拉博银行（信用合作社）每年召开一次社员代表大会，选举理、监事会，批准银行经营政策、财务收支、利润分配计划。如巴库尔村级拉博银行，存款1.5亿荷兰盾，贷款1.2亿盾，服务农户3000多户，8000多人口。每位会员承担信用社有限责任5000荷兰盾。在信用社贷款的即信用社社员，不愿承担有限责任但在信用社取得消费性贷款的，可成为社员也可不是。巴库尔村级拉博银行设有3个董事、6个理事、33个银行职员，由董事会选举行长，处理日常工作及行政事务，内设私人信贷部，企业信贷部（占业务量80%）、综合部、财务部、营业间。其信贷、结算、出纳均由微机及现代化设备处理。

信贷资金的安全性、流动性、收益性始终是银行经营管理的基本要求，任何金融机构经营贷款都具有风险性。拉博银行在风险防范方面有这样要求：首先对基层行而言，一是贷款审批实行权力限制，高额贷款需要经银行总经理、董事会以及总行技术委员会成员组成的审批小组审批；二是贷款大多需抵押担保，包括土地、房产、牲畜抵押。如巴库尔村级合作银行在发放贷款过程中，先由贷户填写包括家庭经济收入、财产、信誉、发展投资项目、效益测算等内容的7张表格。再由信贷职员进行贷款审查，主要从道德品质、偿还能力、项目效益方面；接着是由电脑储存的综合部门进行综合分析，最后是村级合作银行总经理审批，超越审批权限的要上报地方拉博银行审批。其次，拉博银行系统最高管理层规定，各地方拉博银行的资本充足率不得低于4%，否则不得增加贷款规模，也不准向总行借入资金；拉博银行总行受荷兰中央银行的委托，负责对地方合作银行进行审计，地方合作银行对所属各地区(村级)合作银行进行审计；拉博中央合作银行建立信贷保险体系，即根据基层合作银行资产构成中的风险大小向中央合作银行交纳保险金等，如某地合作银行因资产风险造成亏空而出现支付危机，拉博中央合作银行随时提供保险金给予挽救。

第四章　亚洲部分国家的农村金融

同欧、美等发达地区的农村金融服务体系相比，除了日本以外，大部分亚洲国家农村金融的发展显得略为滞后一些。无论是所提供金融服务的种类，还是贷款的规模都不能充分满足农民的需求。但是，在发展农村经济这一问题上，亚洲许多发展中国家都根据各国发展实际状况，相继采用了各种金融手段，也取得了一定的成效。

我国的学者赵昕指出，越来越多的亚洲国家和地区表现出了金融结构呈现出以下的特点：城市金融市场的现代化速度远远快于农村的速度；大农户、经营式农场（种植园）、大型农业企业和农村地区的工业能够从城市金融机构获得金融服务，而小农、没有土地的农村劳工和小型的非农企业只能依靠自身积累或者非正式融资获得资金。仅在一些微型金融组织得到发展的国家里，一部分人获得了非政府组织贷款。

尽管亚洲国家和地区所提供的农村金融服务有着诸多不足，但是在非政府组织的帮助下，许多国家仍然进行了大量的尝试，其中不乏诸如农村“小额信贷”等创新型的金融产品，从实际效果来看，也取得了一定的成绩。还有一些国家以市场化方式来引导规范农村金融市场发展，取得了有益的成果。

第一节 日本的农村金融

一、日本农村金融概述

日本农村金融主要由合作金融和农业政策金融两部分组成。合作金融是指“农业协同组合”(即日本的农协),按照会员相互扶助原则,为会员贷放各种用途的资金;政策金融指由政府推动或直接办理的金融事业,例如日本农林渔业金融公库。由政府金融和合作金融共同构成的日本农业金融机构是其农业迅速发展的重要保证。

在日本从事农林渔业生产的主要是农户,他们所需要的资金数量较少且比较分散,一般金融机构出于成本与风险的考虑不愿意为农林渔业提供贷款。为了解决农林渔业的资金需求,政府建立了专门的日本“农林渔业金融公库”。农业政策金融的任务主要是由政府财政拨款以及由地方自治团体筹集地方财政资金,对农林渔业的贷款利息予以补贴;或由作为政府专门金融机构的农林渔业金融公库按国家政策对农林渔业进行低利率的贷款。

在日本,“日本农林渔业金融公库”的贷款对促进农林渔业的发展、实现日本农业现代化起了重要的作用。同时,农林渔业金融公库还在农村广泛吸收储蓄存款。这样,既扩大了信贷资金来源,又帮助农户积累了资金。

二、日本的农村合作金融

1. 日本农协及其金融服务简介

第二次世界大战后,1947 年日本政府以罗虚戴尔原则为基础制定的《农业协同组合法》,按照农民自愿、自主的原则,登记成立农业协同组合(简称农协)。日本农协包括基层农协、道都(道、府、县)农协以及全国农协三级农协组织系统。

日本农协按行政区划分为市、町、村—都、道、府、县—中央三级。相应地,由市、町、村的农民、其他居民和团体入股组成基层农协,基层农协入股参加都、道、府、县各种专门的农协联合会,农协联合会入股组成农林中央金库。

基层农协一般以市、町、村等行政区域为单位组织,可以分为综合农协和专门农协两类。综合农协以本地区农户为服务对象,服务内容包括农业生产资料供应、技术指导、农业信息收集与发布、农产品售后处理、信贷、保险以及生活、医疗卫生等。农协的主要职能包括以下几方面:生产指导、农产品销售、集中采购生产生活资料、信用合作、共济和社会福利等。

目前,全日本基层农协的金融机构有本店4500多个,支店11000多个,办事处2200个,事务所4800个。这些基层机构深入农户,对会员发放生产、生活贷款,吸收会员存款。其信贷业务有三个明显特点:以会员为主要对象,不以营利为目的;不要担保;通过信贷杠杆贯彻国家的农业政策。

与其他金融机构的强强联合不同,日本的农村合作金融是经济上弱者的联合,并且其服务对象为资金实力薄弱的农民、小生产者,合作金融机构承担着较大的风险,因此,政府对其采取了鲜明的支持态度。"农林中金"成立时政府就投资了20亿日元,利率方面,根据临时利率调整法的规定,基层农协的存款利率可以高于普通银行利率,这有利于农协金融机构吸收储蓄,在贷款利率方面也有不同程度的优惠。

各都、道、府、县农协联合会中专门从事信用业务的联合会是信用农业协同组合联合会(简称"信农联"),它是农协系统的中层金融机构,以所属会员为主要业务对象,通过存、贷款调节各基层农协之间的资金余缺，加强对基层农协金融工作的指导。农林中央金库的业务分为自身业务和按政府法令规定的代理业务两大类。前者包括对会员的存、放、汇业务和农村债券发行业务，后者则是农林渔业金融公库的委托放款和粮食收购款的代理支付业务。1973年又增加了外汇业务。目前，日本农林中央金库的存款额名列日本国内金融界之首，在各国银行中也名列前茅。

(1)日本农协的信用合作事业。日本的法律规定，农协可以自办信用事业。日本农协从组建后就抓自己的金融系统，它是以独立于商业银行的方式以农协会员为对象的信贷业务。日本农协金融活动的主要特点是：不以营利为目的，旨在为农协全体成员服务；资金主要用于发展农业生产，提高农民生活水平；同国家的农业政策和金融政策密切配合。日本农协对资金的组织和发放信贷非常重视，要求农协会员将闲置资金存入自己的信用组织，如存入商业银行则视其为背叛行为。为保证资金的顺利组织，农协狠抓自己信贷资金的投放和信誉，坚持服务的宗旨，保证用在农业生产和农民生活两大领域，确保信用工作真正成为会员办事的金融组织。

(2)对日本农业金融的作用。农业产业化的发展需要完善的金融体系支撑。为农户提供金融服务是日本农协的主要业务之一。农协设立的信用部，专门负责会员的存款、贷款、票据贴现、债务担保和国内汇兑交易等信用业务。由于农协信用系统存款利率略高于其他银行，再加上完善的服务网络，不仅吸纳了日本农民的大量闲散资金，农户所需农业资金的绝大部分也依靠农协提供。

日本农协的信用贷款以会员的存款为基础，以服务会员为目的，贷款主要用于农民的借贷、农协经营的周转金以及各项发展事业投资，其贷款利率通常低于社会其他银行，一般不需要担保。

日本农协还通过建立的农林中央金库，调节不同地区和季节之间信贷资金平衡，为农林水产品加工及相关的生产资料部门提供贷款等。

另外，农协还负责为农户办理国家对农业发放的补助金和长期低息贷款业务，利用“政策金融”导入国家资金，实现国家通过金融来推动农业发展的政策意图。农协在日本农业金融中处于核心地位，为农业产业化提供了良好的金融基础及资金保障。

农协作为联系政府与农民的桥梁，承担着贯彻实施日本政府农业保护政策的职能。例如，日本的五种政策性金融贷款中有四种贷款委托农协的金融信用部门承办，政府给予贴息。日本农协的合作金融模式在为农户生产、生活筹措资金、把小农经济纳入现代化农业轨道、为农户购买农业机械提供资金、加速实现农业机械化、为国家筹措大量资金缓解银行和企业资金不足等方面发挥了重要作用，促进了日本农村经济的快速发展。

2. 日本农村合作金融的组织形式及运作方式

日本农村合作金融的组织形式不是一个独立的系统，而是依附于“农协”，是农协的一个子系统，同时又是具有独立融资功能的金融部门。农协中的合作金融结构由三个层次、三个业别组成。三个层次分别是：农村中央金库是中央机构；县信用农业协调组合联合会是中层机构；综合农协是基层组织。三业是农、林、渔业，它们有分别为其服务的机构，如“信农联”、“信林联”、“信渔联”。

日本农村合作金融体系内三级结构都独立经营、自负盈亏，相互之间不是行政隶属关系。上级通过经济手段和窗口指导的活动，形成了独立的运行系统，但上下级之间在业务上联系密切，资金从下至上，又从上而下，相互融通，这为农村合作金融机构提供了动力机制。由于自担风险，自我发展，产生呆、坏账时，不会互相推诿，纠缠不清。

（1）基层农协。基层农协是日本农村合作金融系统的基层机

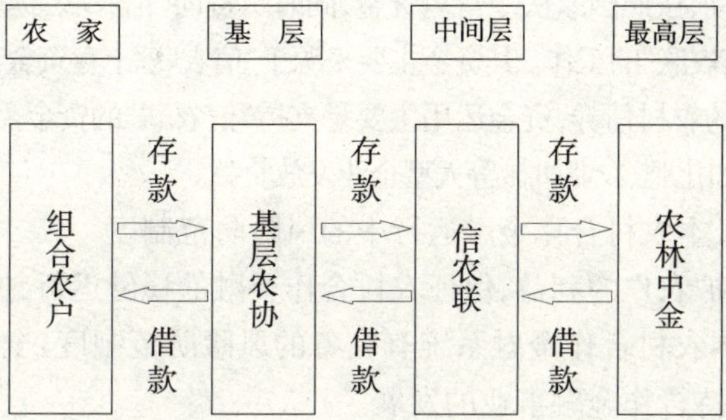

图 4-1　日本农村合作金融系统组织

构，由农户及其他居民和团体入股组成，一般以市町村为单位，直接与农户发生信贷关系，即一方面直接吸收农户的存款，另一方面又向资金短缺的农户进行贷款，剩余资金原则上按存款的一定比例上存信农联，而无权自行向农协系统以外部门转移。日本农协的社员，到 2000 年 3 月已达到 9125000 人，几乎包括所有的农民。经营信贷业务的基层农协一般为综合农协，信用业务只是其业务活动之一。2000 年，日本的综合农协达到了 1618 家。

（2）"信农联"。"信农联"是都道府县一级农业协同组合联合会中专门经营信用业务的机构，是农村合作金融系统的中层机构，对基层农协和农林中央金库起承上启下的作用。一方面，通过存贷来调节各基层农协之间的资金余缺，指导基层农协的工作。其资金主要来源于基层农协的上存资金，贷款首先用于支持辖区内的农协资金需求，其次用于支持农、林、渔业有关企业的资金需求，也可支持某些额度大、期限长、当地农协无力支持的农户。另一方面，自身存放款业务的剩余资金又原则上上缴农林中央金库，同时也可从该处取得不足部分。

（3）农林中央金库。农林中央金库是农协合作金融系统的最高机构，可谓合作金融系统的"总行"，主要职能是协调全国"信农联"

的资金活动，按照国家法令营运资金，同时负责向“信农联”提供信息咨询，指导“信农联”的工作。其资金主要来源于“信农联”上存资金和经国家批准发行的农村债券，资金运用主要是支持“信农联”的资金需要，也向关联企业如化肥、农业机械等大型企业发放贷款。

3. 日本农村合作金融运行中的风险防范制度

为保护农户的利益，保证农村合作金融的稳健运行，提高其信用度，日本农村合作金融系统有完备的风险防范制度，全方位、多途径地支持合作金融事业的发展。

（1）存款保险制度。存款保险制度是在政府参与下的对农协合作金融的一种制度保障，这种保险与一般商业性保险的最大区别是被保险者只限于在农协的存款者，储户（农民）只要在农协系统存款，储户、农协、保险机构之间的保险关系自动成立。其运行规则是：当农协的经营业务出现问题，停止兑付存款或组合宣告破产并解散时，保险机构直接向储户支付保险金，对单个储户支付保险金的上限为1000万日元，储户存款超过1000万日元的部分作为对农协的债权保留，待农协进行债务清算时再予以补足（如图4-2所示）。

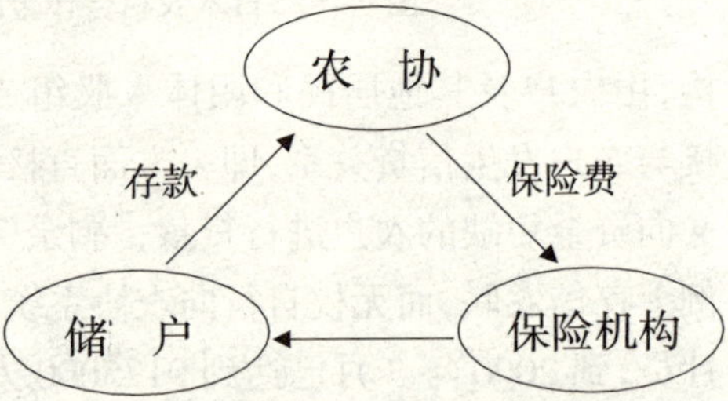

图4-2 存款保险制度示意图

（2）相互援助制度。相互援助制度是农协系统为强化信用业务而自主设立，以相互援助为宗旨，与存款保险制度互为补充的一种保险制度。虽然农协独自经营各自信用业务，但对外界来说，当一个农协出现信用问题时，有可能影响其他农协的信用。为了防止信用危机的发生，在全农协系统内自发形成并建立了相互援助系统，援助资金来源于农协体系内部。按规定，农协各级信用部门每年必须将其吸收存款的10%作为该制度的专项资金储备，由农林中央金库负责统一运用和管理。该制度的具体实施方案为：当农协的经营出现问题时，可通过该制度向农协提供一定数量的低息贷款，以帮助面临危机的农协渡过难关。

（3）农业信用保证制度。日本政府为了农村金融机构的利益建立了农业信用保证保险制度，这是目前日本农村信用保险体系中综合性最强、规模最大的保障制度体系。该制度在业务内容上主要分为两类：损失补偿和债务保证。

第一，损失补偿。损失补偿是指由第三方对融资机构与贷款人之间的债权、债务契约做出保证，当借款人不履行债务时，由第三方对债权人的损失进行赔偿。损失补偿方式不用设立专门机构，只要金融机构、贷款人和第三方之间达成协议即可，简便易行，但对损失补偿的范围、条件等没有具体的约定，有不明确、不稳定的缺点。

第二，债务保证。债务保证是指设立专门的保证机构，受借款人的委托，对其债务做出保证，当贷款人不履行债务时，由保证机构代其偿还金融机构的债务，即代位赔偿。债务保证方式虽有设立新的专门保证机构的不便，但在日本法律中明确规定了三者之间的法律关系，在债务保证方式中，保证债务履行就意味着代位赔偿，对债务人的债权自动转移到保证机构。保证机构由国家出资组建，可以反映国家的政策意向。信用保证制度建立以来，由于债务保证制度的各种优点，逐渐由最初的损失补偿过渡到债务保证。

（4）信用保险制度。信用保险实质上是信用保证制度的一个组成部分，它是随着信用的发展而发展起来的一种新型保险业务，是以信用风险为目标的保险。在信用保险中，被保险人是债权人，如果由于债务人不能履行偿债义务而给债权人造成损失，则由保险人进行赔偿。因此，信用保险属于一种以无形的以经济利益为目标的财产保险。1966年，日本建立了全国性的农业信用保险协会，以各地农业信用基金协会为团体会员，对各地农业信用基金协会代替还债事项进行保险。农业信用保险协会的业务主要分为保证保险和融资保险两部分。保证保险是对农业信用基金协会代还债务的事项进行保险；融资保险是对农林中央金库、信农联的农业现代化资金等贷款逾期不还事项进行保险。

日本的农村合作金融系统建立了由信用合作组织共同出资的农村存款保险制度，直接保障了存款人的利益；临时性资金调剂的相互援助制度，防止了信用危机的发生和扩大，间接保障了存款人的利益；农村信用保证保险制度，保障了金融机构的利益。整个体系环环相扣，使信用事业有可靠的后盾，保证了合作金融安全、稳健运行。

4. 农村合作金融运行的法律、法规保障

日本历届政府都注意保持合作金融法制的稳定性和连续性，立法较为完善，形成了健全的农村合作金融法律体系，如《农业协同组合法》、《农林中央金库法》、《临时利率调整法》、《农协财务处理基准令》等，各项法律法规都详细规定了农村合作金融机构的经营范围、监管事项和权限等，真正做到了有法可依，为农村合作金融的稳健运营提供了法律保证。

二、日本的农业政策金融

在日本，从事农林渔业生产的主要是个体农户，他们所需要的资金数量较少并且比较分散。农林渔业本身又具有生产周期长、季节性强、受自然灾害威胁大的特点。因此，一般金融机构不太愿意为农林渔业提供贷款。为此，日本政府建立了专门的农林渔业金融机构即农林渔业金融公库（简称“农林公库”）。它是日本唯一一家支持农、林、渔业发展的农业政策性金融机构。

日本农林渔业金融公库是根据日本《农林渔业金融公库法》于1953年4月1日由政府出资正式设立的，它是日本唯一一家支持农林渔业发展的农业政策性金融机构。其设立的目的是"全方位改善农业生产条件，提高农、林、渔业生产力，推进农业现代化"。

从日本农林渔业金融公库的体制来看，它在组织结构上属于单一机构模式，只有很少的分支机构。设有总行和21个分支机构，该行的领导决策机构为理事会，总裁、副总裁各一名，理事会由8名成员组成。在管理方面它直属财政部门管理，自主性较差，财政补贴较多，因此，在管理体制上，日本农林渔业金融公库主要采取政府财政计划管理体制。

农林公库主要负责对农林渔业生产者为了维持和提高生产能力所需的长期资金提供贷款，它的贷款期限长、利率低，是农协金融系统和商业银行贷款的补充，也是那些不能在合作金融和商业金融获得贷款者的最后依靠。

日本农林渔业金融公库在资金运用上支持农业现代化，促进农林渔业全面发展，结构合理，提高农业生产力方面颇具特色。而且，该公库贷款使用方向在不同时期有所不同，能根据农业发展的状况和政策不断调整贷款项目，体现出较大的灵活性。农林渔业金融公库信贷资金的投向根据农产品市场的发展需要而变化。设立公库之初，其业务以土地改良、造林、渔港建设等公共事业为主，后又增加自耕农维持创设资金、渔业经营再造资金、水产加工资金、渔业设施资金、地区农业改组资金等方面的贷款。

在二次世界大战后至20世纪50年代初期，日本处于食品短缺阶段，为了恢复农业生产，该公库以支持土地改良贷款为重点。20世纪50年代中期，为了提高农业经营者收入，缩小城乡差别，该公库创设了自耕农维持贷款，支持农业经营者购买土地及机械，扩大经营规模，提高自立农场比例。20世纪60年代日本农业处于结构调整时期，农业面临现代化的任务，该公库又创设了农业结构改善贷款，贷款对象是符合农业结构改革方向的各种投资，包括改善农业生产设施，购置土地，推广机械化、良种化，从事农业技术开发和利用，以及提高农业生产技能、掌握先进技术的职业培训等。同时，该公库还向农协发放委托贷款，目的在于降低农协的贷款利率，使农协也能向农户提供较低利率贷款，促进农户购置机械设备、房屋等，促进农林渔业现代化。到1975年，该公库的长期低利贷款额比1960年增长了14倍多，占农业领域总投资的18.7%，为战后日本农业的高速发展作出了巨大贡献。发展到20世纪80年代以后，又转变为支持农业竞争力和可持续发展能力的提高。1994年农林渔业金融公库创立了“强化农业经营基础资金”，用于支持核心农户的发展。

日本的农林渔业金融公库与财政关系密切。资金来源有资本金和借款等，但主要来源一直是以邮政储蓄吸收的居民储蓄为主，这些资金通过大藏省资金运用部通过“财政投融资”计划分配给日本农林渔业金融公库。

农林渔业金融公库在资金运用中，主要贷款范围包括四个方面：一是农业贷款业务，占贷款的60.3%，用于改善农业用地，购买农用机具，栽培果树等；二是林业贷款业务，占贷款的24.7%，用于植树造林、建设和改造林中道路等；三是渔业信贷业务，占贷款的4.9%，用于渔船的建造、渔机具的购置等；四是加工和流通信贷业务，占贷款的10.1%，用于建造农林水产品的加工设施、完备批发市场等。

农林渔业金融公库贷款方法主要分两种：一是委托农林中央金库等的委托贷款；二是直接贷款，在实际贷款过程中，委托贷款比重较大。委托贷款占全部贷款的57%，委托金融机构达284家，如农村中央金库、信用农协、信用渔协、信用金库、银行等。农林渔业金融公库的信贷业务与政府各个阶段的农业政策紧密结合，专办长期低利贷款。贷款期限有15个档次，最长的30年，如公库农业电气化导入资金贷款。最短的一年，如国家财产振兴资金中心的生产资金贷款等。农业现代化贷款期限一般为10~13年。农林渔业金融公库贷款的平均年利率比一般商业性贷款利率低2~3个百分点。

该行目前贷款的70%是农业贷款，20%是林业贷款，其余10%属于渔业贷款。到1999年3月末，日本农林渔业金融公库贷款余额42056亿日元，资本金2960亿日元，极大地促进了日本农业的发展。

三、日本的农业保险

经过多年发展，目前农业保险已成为日本稳定、持久、覆盖面较大的农业保护措施。尽管农业保险是公认的技术难度高的险种，但只要把握其内在的规律性，一样可以实现其业务的可持续发展。

1. 日本农业保险发展概况

日本是一个自然灾害频发的国家，其特殊的地理位置和气候条件共同作用，产生了频繁的农业灾害。这些灾害包括风灾、旱灾、虫灾、病灾和夏季低温。灾害所造成的损失是严重的，以2001年为例，对农业的损害额占到32%，对农业设施的损害额占到66.9%。大多数日本农场规模都很小，1975年平均规模只有1.1公顷。这种规模的农场不可能应对大而频繁的灾害，为此，日本很早就有了开办农业保险的尝试。

农业保险作为一种农业发展和保护制度，它对相关法律法规的依赖程度比较高。为此，日本政府在制定和实施农业保险计划时，是作为政府的法令以立法形式出现的。20世纪20年代关于开办农作物保险的提议在议会得到正式讨论。第一部农业保险法于1938年4月获得议会通过并颁布，1939年正式开始实施农业保险计划。当时在全国范围内开办了水稻、小麦、大麦和桑树的保险，政府为其补贴15%的保险费。第二次世界大战和日本农业土地改革以后，根据1947年12月颁布的《农业损失补偿法》，重新组织农作物保险计划的实施。1947年12月颁布的《农业灾害补偿法》则对农业共济组合的各方面做了详细、具体、严格的规定。其主要内容包括：

（1）强制保险。一定程度的强制性是实现农业保险顺畅展业的基本原则。日本通过法律明确规定，对具有一定规模的农户实施强制保险。《农业损失补偿法》规定，一旦设立于各个村、镇或城市的农业互济会成立，这一区域的所有农民只要可保农作物的种植面积超过0.1公顷的法定下限，就必须购买保险。后来为了减少农民对强制性保险的抱怨，避免低收入农民对强制性保险的抵制，1957年政府提高了法定保险农作物面积的下限，只有种植面积超过0.3公顷的农民才被强制购买保险，1972年开始的新作物保险计划如水果、园艺种植等，尽管改变了强制参保的做法，实行在自愿基础上参加保险，但同时规定，凡有农业借贷的农业保险标的，即使自愿保险项目也应依法强制投保。

（2）组织体系。日本实施保险计划的组织机构由三个层次组成：农业相互救济协会、农业相互救济联合会和农业相互救济再保险特别会计处。除了这三个层次外，还建立了农业相互救济基金会，作为联合会贷款机构。这些机构间相互配合、相互协作，构成一个有机的组织体系。

（3）保险单位和保险金额。按照保险计划中的规定，保险单位不是被保险农场耕种的全部耕种面积，而是仅为农场一部分的单独地块。一个地块上被保险农作物的损失如果超过该地块正常产量的30%，农民就将得到损失价值的补偿。即使整个农场被保险的农作物的损失低于农场正常产量的30%，保险人也要支付赔款。保险金额指期望赔偿额,赔付额依据被保险地块农作物损失程度来确定。在农作物遭受全部损失时,单位面积农作物赔付款为最高赔付额的全部的50%,如果是部分农作物损失,则仅支付最高赔付额中的一部分。当农作物损失为30%~40%时,赔付额为最高赔付额的10%,以后,农作物损失每增加10%,赔付额增加最高赔付额的15%。

(4)保险费率和保险补贴。保险金额计算和保险费率厘定是农业保险中公认的技术操作难题,如认定不当将直接损失农业保险运作效率。日本计算农作物保险费率依据的是每一个"府"前20年的实际损失率。标准保险费率则由农业部根据前20年的损失率资料为每个府厘定。每个"府"政府根据作物灾害发生率,把所辖村庄划分为若干个等级。最初各府的标准保险费率是根据辖区内村、镇或城市各自的风险级别计算出来的,历史上农作物损失程度的不同而差异较大。

为了减少农民的保险费用,政府对保险费进行补贴。为了确定保险费补贴额,以及需要政府分保的范围,一般把标准保险费率的计算分为三部分:正常保险费率、异常保险费率和超常保险费率。三个部分之间的界限是通过标准损失率和异常标准损失率来确定的。在超异常保险费率中超过正常保险费率的部分全部和在异常保险费率中超过正常保险费率的部分的一半,由政府支付。另外,正常保险费率中也有一部分是由政府补贴的。

(5)对农业保险项目的改进为了提高农业保险运作效率,更好地调动农户参保积极性,20世纪70年代以来日本政府先后对农业保险项目进行了多次修改和改进。

第一,改进赔付计划。1971年修改了单位面积保额计算方法,使保额与各个地块的生产率相联系,同时把被保险农作物的最高保额提高到整个农场正常产量的72%。

第二，实行投保农作物费率的差别化，以期更好地反映不同地区风险水平的差异性。

第三，不断增加新的被保农作物项目，1972年开展了水果保险计划。1979年，为园艺种植主服务的保险计划也实行了。

2. 日本政府在发展农业保险中的作用

必要的财政支持是保证农业保险业务可持续发展的重要前提。为了减少农民保险费用，日本政府对农业保费补贴的比例按费率不同而高低有别，费率越高，补贴越高。费率在2%以下政府补贴50%，费率在2%~4%政府补贴55%，费率在4%以上政府补贴60%。1975~1986年，日本政府对农业保险的补贴高达2055亿日元。为了降低农业保险经营单位的营运成本与风险，日本政府还对农业保险的经营者提供业务费用补贴，政府承担共济组合联合会的全部费用和农业共济组合的部分费用。同时提供再保险业务，由都、道、府和县的共济组合联合会和中央政府为市、畸、村的农业共济组合提供两级再保险。

第二节　韩国的农村金融

一、韩国农村金融概述

农业生产发展滞后、农村社会的动荡以及工、农业发展比例严重失调，已成为20世纪六七十年代制约韩国经济发展和危及社会稳定的重要因素。为解决问题，韩国政府及时采取了加强农业发展的有关政策与措施，其中在农村金融领域内采取的措施对于韩国农业现代化的发展以及农民收入的提高，都发挥了不可替代的重要作用。我国著名的学者韩俊曾经提到过这样一件事情：韩国前任总理、韩国乡村建设会的会长曾经指出“韩国的新村运动有四个支柱：第一个支柱是政府财政的支持，这不是主要的；第二个支柱是农民自立的精神的培育；第三是技术支撑；第四就是金融支撑”。可见，金融服务在韩国农业发展过程当中发挥的极大作用。

1. 发展农村金融业，提高农业生产水平

20 世纪 60 年代的韩国农村由于农村金融业尚未完备，为了维持生产与家庭生活，许多农民不得不依赖于借高利贷以维持生存，整个农业与农村经济处于“贫困 + 萧条”的恶性循环当中。当时，农业资金不足和私人借贷市场成为韩国农业生产进一步发展和农民生活摆脱贫困的主要障碍。

农业生产周期长、受自然因素影响较大，因而风险较高，而其收益又抵不上工业和其他产业。加之当时韩国的农民大部分生活很贫困，一般的银行普遍担心农民不能按时归还贷款。因此，一般的城镇银行、商业银行又不愿借贷给农民。

离开资金的保障，“发展农业和农村经济”、“增加农民收入”、“提高农业生产水平”等一切都是空谈。当时韩国农业及农村形势，迫切需要建立农业与农村金融业。

1961 年，经过农业有关部门的努力，旧农协组合和韩国农业银行合并，成为现在的具有综合协调和服务职能的农协，农协的信用事业部门负责农村金融业，到 20 世纪 70 年代发展到一定的规模。当时，基层农协“相互金融”(以下称之为互助金融)的发展，为农民提供了大量生产与生活所需资金，在推动农业与农村经济的发展中发挥了巨大而不可替代的作用。

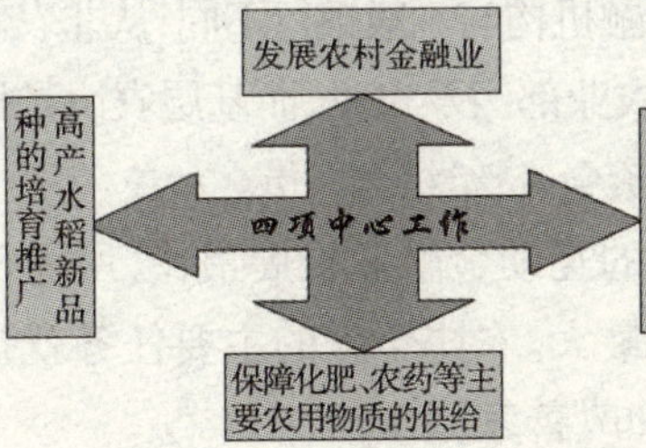

图 4–3 20 世纪 70 年代韩国的“四项中心工作”

20 世纪 70 年代，韩国政府和农业部门认真分析与研究了当时的农业现状及主要问题，重点推进了以下4项中心工作，并采取了相应的倾斜政策。

“农村金融业”在同期农业生产的发展中，可以说起到了其余三者得以顺利实施的保障作用。推广高产的水稻新品种，需要大量化肥和农药，而农村金融业的发展为农业生产提供了充足的资金，提供的资金金额自1965年的1080亿韩元增长到1975年的5870亿韩元，增长5倍以上。同时，改变了农村金融业的结构。1965年农民对私人高利贷的依赖程度为73%，而对农协、城镇银行、地方银行、村金库、信用组合等组成的“正规金融市场”的依存度为27%。到1981年，对“正规金融市场”的依赖程度一举升为73%，对高利贷的需求大大减少，反映出农村金融业的迅速发展，使广大农民有条件接受和消化农业新技术、新成果、新产品，摆脱了私债市场带来的困扰，有力地推动了农业与农村经济的发展。

2. 农协在农村金融领域中所发挥的作用

为调配和提供农业开发所需资金，农协开设了中央会的银行业务、信托业务、保险业务、国际金融以及以农民组合成员为对象的相互金融业务，为经营规模小的农民提供的信用保证业务等。有力地支援了当时韩国农业生产的发展和农民生活水平的提高。

农协中央会、基层农协金融机构虽然只占当时农村金融机构总数的25%，而拥有的资金额高达73%，成为农村金融业的主体。包括市、郡支部在内的农协中央会的金融机构与一般银行不同，从非农部门和非组合成员中，集聚资金，贷给农业部门及农民，而基层农协是根据互助原则，从协同组合成员中集聚资金，贷给组合成员。

在农协金融业中，基层农协的互助金融业发展最快，所占比重最大，在农村金融业中的作用也最大。农协金融的主要任务就是贷给农民用于提高农业生产水平和改善家庭生活。

互助金融业发展迅速的主要原因有：

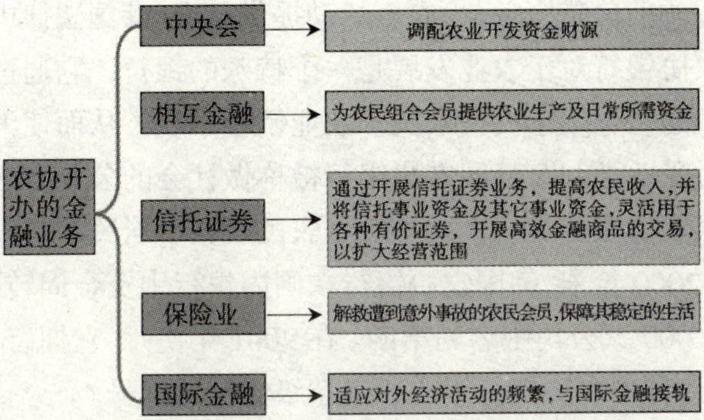

图 4–4　农协所开办的与农村金融有关的业务

首先，随着新村运动的开展，农业生产形势和农村经济逐渐好转，农民收入持续增加。

其次，对发展互助金融有利的利率政策。互助金融业的存款利率比一般银行高 1%~3%，因此，吸引更多农协组合成员储蓄，平均每一账户储蓄额从 1974 年的 22.8 万韩元增长到 1981 年的 88 万韩元，增长 4 倍。

再次，全国性的金融服务组织体系。自 1969 年起步后，到 1973 年开始向全国普及，韩国全国有 200 多万农民组合成员，通过 1 473 个基层组合和 13 个道支会、140 个市、郡支部，开展储蓄或贷款业务。

1970~1982 年，基层农协的金融业发展迅速，平均每个农协的成员数从 1970 年的 379 名增长到 1982 年的 1409 名，出资额从 1970 年的 8 万元增长到 1982 年的 1 亿元；互助金融储蓄额从 1970 年的 40 万元增长到 1982 年的 11 亿元；贷款额也从 1970 年的 50 万元增长到 1982 年的 8 亿元。

3. 当代的韩国农协银行

韩国农协的经济业务包括韩国农协银行及其各分支机构。不同于其他的商业银行，韩国农协银行为农业发展所需的流动资金提供全方位的信贷服务，为农事活动提供基金。韩国法律中正式规定韩国农协银行对于农业发展是一个特殊的银行，它通过财政业务所累积的基金用于支持农民和农业销售系统，从而使消费者和农民同时受益，因此，韩国农协银行被称做社会的公共事业机构。

韩国农协银行是一个由 400 万农民及城市居民参与投资的国家银行。2000 年末，韩国农协银行在国内银行中资金周转第一，在韩国的 1 000 家公司中名列第四。在 2001 年 7 月，它拥有 73 兆韩元的存款，韩国农协银行因此获得超级银行的称号。

韩国农协银行还为农业的发展提供基金，到 2001 年 5 月末，韩国农协银行为农事活动提供了大约 61 兆韩元基金，相当于政府预算的 60.3%。韩国银行尽其所能通过提供农业管理发展基金及发放政策贷款来提高农民的生活水平。

韩国农协银行在全国拥有近 5 000 个分支银行，不仅提供全方位的经济服务，如国际业务、出口支持、信用卡业务及无利息保险服务，还出售由韩国农民生产的农产品。

二、韩国农协在农村金融中所发挥的巨大作用

韩国农业协会联盟成立于 1961 年，是根据《农业协同组合法》在原农业协同组合和韩国农业银行合并的基础上建成的。在政府的支持下，韩国农协在保证政府对分散农户新乡村建设的宏观调控与指导的

图 4–5　农协的服务领域

专栏 4–1 农协在农村金融当中的作用

20 世纪 70 年代的新村运动，对于韩国农协，尤其是基层农协的发展作出了很大贡献。

自古以来，韩国农民因贫困交加而没有多少储蓄的习惯，但自 20 世纪 70 年代以来，越来越多的农民开始到农协金融机构储蓄，而且储蓄额也不断增大。1971 年每户农民的储蓄额只有 4300 韩元(时价 12 美元)，而 1978 年增长到 24.5 万韩元(500 多美元)。

随着农民储蓄额的不断增加，由农协提供的农业生产资金也不断增多。20 世纪 60 年代中期，由农协提供的生产资金中，70%来自政府的财政资金或金融资金，而到 70 年代中期，这一比重下降到 25%。农协的信用资金主要来源于农民的储蓄，农协的金融组织在农村金融业中占据重要的位置。妇女组织在发展农村储蓄业中发挥了积极的作用，为新村运动注入了新的活力。

基础上，组织农民按照“自助、自立”原则进行互助生产和联合销售。它是由农民出资、代表农民利益的互助合作组织，是以提高农业生产力水平、建设高收入的福利农村、提高农民的经济及社会地位为宗旨。进入 21 世纪，韩国农协又与畜产、人参协会合并，运作机制由自上而下改为自下而上，并且增添了会员组合独立运作和扩充通业的运转机制。

在过去的 40 余年中，韩国农协通过开展各种业务，如农产品加工、销售和供业务、金融保险、咨询服务、物资供应等来支持农业和农村的建设，在韩国农业发展史中写下了不可磨灭的篇章。自 20 世纪 70 年代韩国经济高速增长以来，基层单位农协(简称单位组合)迅速扩大，目前韩国农业协同组合中央会共拥有 1 404 个基层农协组织。在全国 15 个道(市)、155 个邑设有总会的派驻机构，共有多种经营(粮食)农协 1 359 个，特种经营(果农、菜农)农协 45 个，农协会员 200 万人，占全国农户的 90%以上。

韩国农协在发展过程中经历了 20 世纪 60 年代的初创期、70 年代的开发与扩充期、80 年代的跳跃期和 90 年代的民主自律化时期。在40多年的发展过程中，实施了许多有利于农业生产发展的项目工程，如1966年9月开展的“新农民运动”、1969年的“单位组合相互金融业”、1977年的新村综合开发事业、1979年的“中央金融储备工作”、1991年11月开展的反对进口大米的1000万人签名运动，等等。这些措施都促进了韩国农业的发展和农民收入的提高。韩国农协已成为保护和推动本国农业与农村经济发展的组织，被韩国国民称为“国民的生命库”。

三、韩国的农业政策性银行

农协中的中央会和渔业合作社中央联合会是韩国的农业政策性金融机构。前者是在原农业协同组合和韩国农业银行合并的基础上于1961年成立的，是农业合作社联合的中央机构。农业协同组合又称农业合作社，是农民自愿组成的互助组织。目前，全国90%以上的农民加入了农协。农协除从事信贷业务外，还从事农业指导、农产品销售与加工、农业生产资料供应、保险等。渔业合作社中央联合会于1962年成立，专门为渔民和有关企业融通资金，并充当政府和其他金融机构的代理人，其资金来源有公众存款、政府和中央银行借款等。

政府对农业发放的低息政策性贷款，90%以上是通过中央会及各级农协转贷给农民的。农协业务经营活动较为广泛，如农产品销售与加工、农业生产资料供应、保险等，但信贷业务始终占重要地位。

农协中央会的资金来源包括：第一，吸收公众存款；第二，向政府和中央银行借款，政府和中央银行向农协提供优惠利率贷款，再由农协转贷给农民；第三，发行债券，农协可在已付资本20倍以内发行由政府担保的农业信贷债券；第四，在金融市场筹集资金；第五，向其他金融机构和外国贷款。

其资金运用是通过农协的信贷部向农民社员提供低于其他商业银行利率的农业生产贷款，同时为农业以及与农业相关的工程项目提供资金融通，目的在于提高农业生产力，改善农业结构，促进国民经济协调发展。

韩国农业政策性贷款范围广、种类多、期限结构也比较齐全。农业生产经营贷款期限在1年以下，农产品价格安定基金贷款期限1~3年，财政农业中期资金贷款期限10~20年。韩国农业政策性贷款实行优惠利率，一般年利率5%~8%，低的如财政农业中期贷款利率仅为3%，高的如地域名特产品开发贷款利率为11.5%，而同期商业性贷款利率一般为12.5%。

四、政府和民间团体对农业和农村建设的资金支持

为加快农村基础设施建设，韩国政府采取了中央财政和地方财政直接投资的措施，而且投资额也较大。

据统计，从建设新乡村运动开始到1980年4月为止的10年间，政府对农村基础设施的财政投资达27 521亿韩元。

为使农村金融事业适应经济增长的需要，更好地支持和促进农村现代化的发展，政府通过对农村金融体制的改革，使农协成为农村唯一的金融机构，并使其获得了较大的发展。到20世纪70年代中期，农协向农业经营提供的资金中75%来自农民的存款。

为解决农业贷款难、农村融资难的问题，政府还设置了水利资金、新农村综合开发事业资金、扶持贫困农民自立事业资金、农村住宅资金、营农资金、农业开发资金等农村经济建设的专项资金和稳定农产品价格基金、促进农业机械化基金、营农后继者育成基金、农渔村地域开发基金。此外，政府在农协中央会设置农林水产业者信用担保基金，专门为一些有困难的农林水产业者提供了信用担保。

民间团体也设置了畜产振兴基金、蚕业振兴基金、农地基金、农药管理基金、振兴农水产品基金等专项基金。

五、"新村运动"与韩国农业的发展

韩国通过1970年开始的新村运动,促进了工业化,仅用30年时间走完了西方国家近百年的工业化道路,走上了农业现代化和农村城市化的发展轨道,其经济发展被世人誉为"汉江奇迹"。而在韩国经济向现代化的发展过程当中,"新村运动"发挥了巨大的作用。

1. "新村运动"的实施背景

20世纪60年代,韩国推行优先发展工业化的不平衡发展政策,全国集中人力、物力、财力发展工业,在短短30年间跃居新兴工业化国家之列。与此同时,"农业及农村发展滞后"问题却日益显现,如农业和农村结构性矛盾突出、城乡收入差距逐渐扩大、农业服务体系残缺不全,农村生产力水平较低,加上农民的收入增长缓慢,致使大批农民离土离乡。20世纪60年代末,工农业发展开始严重失调,到70年代日益明显,已成为经济发展的限制因素。

自1970年4月起,以韩国政府为主导倡议的以"勤奋、自助、合作"为宗旨的乡村建设运动,即新村运动正式启功,其基本理念是把传统落后的乡村变成现代进步的希望之乡。

2. "新村运动"的主要做法

(1)在"新村运动"发展初期,由于农业与农村经济发展的落后,农民比较贫困,因此,这一阶段主要由政府进行主导。政府通过对改善农民居住环境和生活质量、新村项目开发和工程建设、新村教育等公共基础设施的投资来扩大内需,逐步缩小城乡差距,以调动农民建设新农村的积极性。

(2)在"新村运动"发展中期,采取了政府培育、社会跟进的发展模式,政府把工作重点转移到鼓励发展畜牧业、农产品加工业、

专栏 4-2　20 世纪 60 年代末危机四伏的韩国农业与农村

韩国政府自 1962~1971 年实施了第一、第二个经济发展五年计划，重点扶持工业发展和扩大出口，但在此期间工农业发展严重失调。第一个五年计划中工业发展速度为 7.8%，而农业发展速度仅为 5.3%，第二个五年发展计划中工业发展速度为 10.5%，而农业发展速度只有 2.5%，前后工农业发展速度之差，从 2.5 个百分点扩大到 8 个百分点。

城市居民和农民的年平均收入也拉大了差距，1962 年的农户年平均收入是城市居民的 71%，而 1970 年降到 61%。当时，在全国农村人口中，经营不足 1 公顷耕地的农户占 67%，他们的年平均收入还不到城市居民的 50%，而且这种差距有继续扩大的趋势，导致农村人口的大批流动。农村人口占全国人口的比例从 1950 年的 70%降到 1971 年的 46%。

由于贫困，"卖儿卖女，打架斗殴，打老婆孩子，酗酒赌博，卖淫吸毒"在当时的韩国农村非常普遍，整个农村地区处于一种极度混乱的状态。极大地影响了韩国整体经济的发展和整个社会的稳定。农村人口的大量无序迁移，带来了诸多的城市问题和社会难题。农村劳动力老龄化、弱质化，农业后继无人，加上农业机械化发展滞后，导致部分农村地区的农业濒临崩溃的边缘。

资料来源：李水山，《韩国新村运动 30 年》及其在首都师范大学所作的演讲《韩国新农村建设的启示》。

特色农业、农村保险业以及农协组织的建设上来，逐步培育社会发展实体，为今后农业与农村的可持续发展打下了坚实的基础。

(3)在"新村运动"发展的后期，逐步转入国民主导型发展模式，着力发挥农业科技推广、农村教育机构、农村经济研究等组织机构在新农村运动中发挥主导作用，政府只是通过制定规划、协调、服务，运用财政、税收以及其他服务手段，为农业和农村的自我发展创造更有利的环境。

3. 发展阶段

从时间顺序上大体上可划分为五个阶段：

(1)基础建设阶段(1970 年 ~1973 年)。主要是改善环境，提倡奋发图强的新村精神，改善农村环境和提高农民生活质量

(2)扩散发展阶段(1974 年 ~1976 年)。积极推行增加农(渔)民收入计划，帮助农民科学种田和发展养殖业，增加农业收入

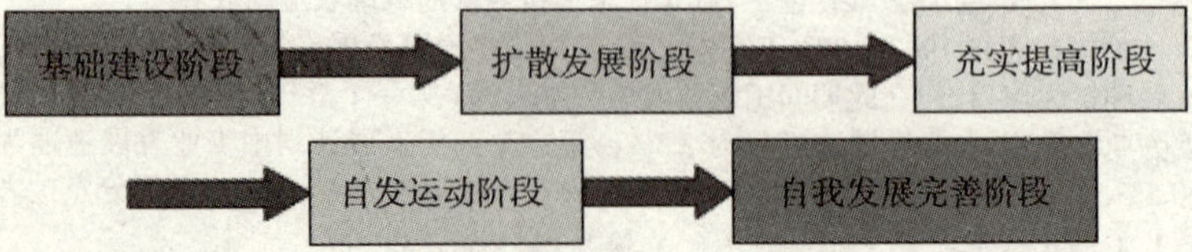

图 4–6 韩国新村运动发展阶段

(3)充实和提高阶段(1977 年 ~1980 年)。政府推进新村运动的工作重点放在鼓励发展畜牧业、农产品加工业和特色农业,积极推动农村保险业的发展。同时,为推动乡村文化的建设与发展,为广大农村提供各种建材,支援农村的文化住宅和农工开发区建设。

(4)国民自发运动阶段(1981 年 ~1988 年)。政府只是通过制定规划、协调、服务,以及提供一些财政、物资、技术支持和服务等手段,着重调整农业结构,进一步发展多种经营,大力发展农村金融业、流通业,进一步改善农村的生活环境和文化环境,继续提高农民收入等。

(5)自我发展、自我完善阶段(1988 年至今)。政府致力于国民伦理道德建设、共同体意识教育和民主与法制教育,同时积极推动城乡流通业的健康发展。一些有助于农村经济、文化发展的机构、活动内容和形式,如农业科技推广、农村教育机构、农协、农村综合

表 4–1 “新村运动”的主要内容

实施内容	当时农村状况	实施措施	实施效果
改善农村公路	从地方公路到村级公路既狭窄又弯曲,没有桥梁,各种车辆和农机具无法通过,交通十分不便	全国大部分农村都组织实施了修建桥梁、改善公路的工程。1971--1975 年间,全国农村共新架设了 65 000 多座桥梁,各村都修筑了宽 3.5 米、长 2--4 公里的进村公路	到 20 世纪 70 年代后期除了个别极为偏僻的农村外,全国都实现了村村通车

改善住房条件	1971年,在全国250多万农户中约有80%住在稻草屋内	政府支援农民水泥和钢筋,根据各村具体情况分别进行修缮,修得好的第二年多给,修得不好的不给或少给	1977年,全国所有的农民都住进了换成瓦片或铁片房顶的房屋
农村电气化	在韩国的农村只有20%的农户按上了电灯,其余的农户还在传统的煤油灯下生活	新村运动初期,政府鼓励竞争,优先给积极参与的农村供电;由政府补助一部分,农民借用低息贷款,加速实现了农村电气化,农民的生活发生了相应的变化	到1978年,全国98%的农户都装上了电灯,20世纪90年代全国已实现了电气化
农民用上自来水	韩国农民饮用井水,而传统的井水既不卫生又不方便	村民们自觉地动员起来,把山上的水引到村里的蓄水池后用水管接到每家每户。因地势高,不宜引水的村庄,深挖井,再用水管接到每家厨房,用抽水泵取水	农村的饮水条件进一步得到改善,农村环境卫生条件也明显得到改善
推广高产水稻品种	作为韩国人主要食物来源的"稻米"产量很低	政府开始推广新的水稻高产新品种;农民们在水稻生产中,学到了共同合作的"集团栽培"方式,使得水稻高产品种在极短时间内推广到各地农户,提高了全国农民的水稻栽培水平	1970－1977年,水稻的每公顷单产从3.5吨增加到4.9吨
增加农民收入	工、农业发展不平衡,农民农业收入很低	(1)自1973年以来,在全国范围内推广水稻新品种;(2)自20世纪70年代中期,政府为保护水稻新品种的价格,给予财政补贴;(3)部分农户改种经济作物,调整优化农业结构;(4)政府以新村运动的名义,大量投资	1970年,农户年平均收入为824美元,人均收入137美元;1978年农户年平均收入为3 893美元,人均649美元

农协组织迅速发展	农村资金大量缺乏；农业生产资料、农民生活资料也非常欠缺	自20世纪70年代以来，越来越多的农民开始到农协金融机构储蓄，而且储蓄额也不断增大；农民在种植水稻高产新品种的过程中，施用了大量的化肥和农药，农资、建材、家电等物资也都由农协来组织提供。随着农村经济的快速发展，农协的规模也迅速得到扩大	农协的金融组织在农村金融业中占据重要的位置；在农业物资流通方面，农协也发挥了积极的作用
兴建村民会馆	新村运动一般在冬季农闲期间开展，但在当时很难找到村民能集中讨论活动的场所	1972年开始，各地农村纷纷兴建村民会馆	会馆建立后，不仅用来召开各种会议，还用来举办各种农业技术培训班和交流会，会馆还为农民提供各种信息服务

资料来源：李水山，《韩国新村运动30年》。

开发等组织机构应运而生，并在不断优化其结构中生机盎然地传承新村运动的精神和理念，发挥着应有的作用。

4. “新村运动”的主要内容

新村运动初期，政府把工作重点放在改善生活环境上，其理由是：农民当时最为迫切的要求是改善自己的居住生活条件；改善农民基本生活条件，更容易启发农民并得到广大农民的积极响应。

5. “新村运动”的成就

通过水利设施和农业耕地的扩充，奠定了粮食生产的基本自给的基础，通过增加农民收入形成了科学种田的社会机制，培育了农家副业基础，保障了农产品价格体系，建设了一批新村金融机构和农产品加工厂，改善了农产品的流通结构与体系，提高了农产品的质量，提高了农业生产效率，改善了农村居民的生活福利设施和条件。

韩国政府主动调整“优先发展工业”的不平衡战略为“工农业均衡发展”战略，以发展农业和农村来带动和振兴经济，通过对“三农”问题的长期探索和解决，到20世纪末期收到了显著效果。到

2001年,农业人口的比重已降到7.7%。20世纪90年代末期,韩国已经实现了农业产业化、农村工业化和农村城镇化。

第三节 印度的农村金融

一、印度农村金融概述

印度自独立后的几十年中,工农业生产虽然有了较快发展,但印度仍然是一个以农业为主的发展中国家,80%的人口以农业为生,农业的净产值占国内净产值的34.9%。从印度经济发展史来看,农业在国民经济中具有举足轻重的地位,农业的增长速度,在很大程度上决定着整个国民经济的增长速度,这是印度经济发展的显著特点。

为了适应本国经济的发展,特别是更好地适应农业的发展需求,印度建立了覆盖范围广阔的农村金融体系。印度的农村金融体系包括:印度储备银行(主要负责监管和协调)、农村合作金融、地区农村银行、国家农业和农村开发银行、印度的商业银行(国有以及私人)、存款保险和信贷保险公司。

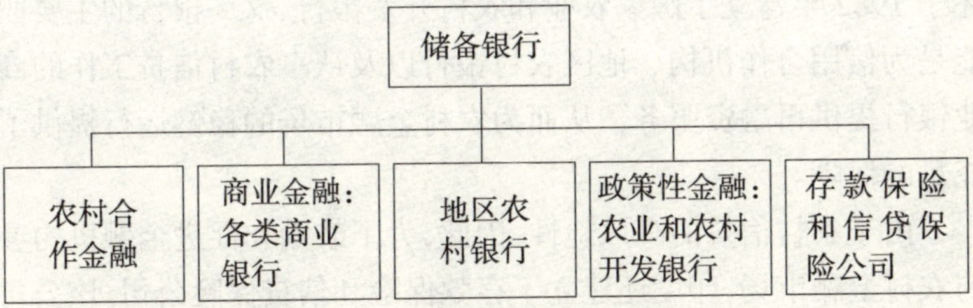

图 4-7 印度的农村金融体系

从结构和功能上看,印度农村金融体系具有鲜明的多层次性,各个机构之间具有相对不同的分工和合作。在这一复杂的体系中,各个银行(除了监管机构以及保险机构外)相互协作与竞争,共同推动了印度“绿色农业革命的进程”。

印度的农村金融服务体系不仅覆盖了广泛的地域范围——几乎覆盖了整个农村地区，而且覆盖程度是如此之高——每家分支银行机构也只需为大约15000农民提供金融信贷服务，平均每8个村就建立一支正式金融机构。这样的规模与程度恐怕在世界上没有哪个国家或地区能与之相比。

根据印度储备银行公布的数据:

——印度的商业银行已经在农村以及城镇地区建立32662家分支机构。印度还建立了庞大的基层农业信贷协会，其总量达到92682家。

——印度境内还有超过2000家的土地发展银行(属于合作金融体系分支机构),它们也为印度农村经济发展提供了源源不断的金融支持。

——印度还有多达14136个分支机构的地区农村银行，这种银行是根据印度政府1976年颁布的关于建立地区农村银行法令所设立的。

除了为农村提供信贷资金的各种信用社和商业银行外，印度还于1982年建立了国家农业和农村开发银行,这一银行的主要职能是为信用合作机构、地区农村银行以及从事农村信贷工作的商业银行提供再融资服务，从而为农村金融市场的稳健运行提供了充足的保障。

由于农村信贷的高风险性,因此,为了鼓励和促进金融机构参与农村金融市场,印度还建立了存款保险和信贷保险公司。该公司为正规金融机构提供的农村贷款提供保险。

1986年的一份印度农村信贷调查的数据表明,在所有被调查的农民中,只有2.9%的农民由于当地缺乏银行分支机构而没能获得正式渠道的贷款支持。

二、印度农村金融的发展过程

印度农业和农村经济发展所需的贷款来源于各类金融机构（例如，农业信贷合作社、商业银行和地区农业银行）和私人放债（除了我们通常所说的高利贷之外，还有一部分亲戚朋友之间的借款）。在发展初期，私人放债是其主要的来源，以1951年为例，私人贷款占农民贷款总额的92.8%。针对这种情况，印度政府采取了大力支持和发展农村信贷合作机构的政策，以抑制猖獗的高利贷活动。为实施这一政策，政府花费了大量的人力和财力。

到了20世纪60年代中后期，随着印度"绿色革命"的开始，农业投资需求激增，合作金融组织所能提供的信贷资金已经越来越难以满足农户对信贷资金的需求。

在1950年~1969年的20年间，由于农业生产风险较高加之回报率较低，因此，农村中的私人商业银行一般不愿意向农业生产经营活动放款，农业贷款仅占商业银行贷款总额的2.0%~2.2%。

为此，印度储备银行采取了强制性政策：要求每家私人商业银行至少要在其所设立地区的农村开设一家分支机构。但在"趋利"原则的作用下，商业银行为农业和农村所提供的贷款依然很少。为此，印度在1969年又将14家主要的商业银行收归国有。

到了1976年，银行贷款中农村贷款的份额由1968年的2.2%增长到约10%左右。每家商业银行所覆盖的农村人口数从1969年的65000人减少到1972年的37000人。然而，这对于印度这样的农业大国而言，农村金融需求仍然难以得到有效的满足。

为此，印度在1975年底创立了地区农村银行，其经营目的是"满足农村地区穷人的专门需要"。每个地区农村银行均由一家商业银行主办，核准资本1 000万卢比，其资本金来源主要来源于中央政府(缴纳注册资本金的 50%)、邦政府(相当于我国的省政府)(认缴 35%)、主办商业银行(认缴 15%),除此之外,地区农村银行还可通过发行债券来筹措资金。

为了满足特定区域的农业资金需求,印度储备银行规定:地区农村银行只在一个邦的特定区域内开展活动,有特定的贷款对象,贷款利率不高于当地农业信用合作机构,营业机构主要建立在农村信贷机构薄弱的地区,主要发放给急需贷款的贫苦农民,它还提供贫苦农民维持生活的消费贷款。这样,平均每 17000~21000 个农户就有一家农村银行的分支机构为之提供金融服务。

到 1979 年,农村中银行分支机构的数量增加到 1969 年的 3 倍,而每家银行的分支机构所覆盖的农村人口也急剧减少到 18000 人。尽管如此,从实际经济运行情况看,印度农村金融机构似乎还是太少了。

1982 年,为解决农业资金的短缺问题,印度又设立了"农业和农村发展银行",它是一家政策性银行,为印度储备银行(即中央银行)和印度政府所有,当时共在在全印设立了 25 个分行,在 234 个地区一级的行政区域设有办事处。主要活动是向土地开发银行、商业银行、邦合作银行和地区农村银行拆借贷款,并由这些机构转贷给农民借款人。贷款期限多为中长期,一般只为较大的农业基本建设项目贷款,如兴修水利、推广使用农业机械、土地开发等。

印度国家农业和农村发展银行是该国最高一级的农业金融机构,代理中央政府和中央银行监督和检查农村信贷合作机构、地区农村银行,资助商业银行的农村信贷活动,成为农村信贷的最后依靠。该行资本 10 亿卢比,由中央政府和储备银行各缴一半,还可发行由中央政府担保的债券,吸收存款、借取外资。其资金运用是提供短、中、长期中间信贷,不与农民借款人发生直接信贷关系。

多种农业贷款机构对农业和农村的资金支持,有效地解决了印度农业以及农村发展所急需的资金问题，同时也有力地削弱了印度农村中的高利贷势力，1988 年 ~1989 年度，各类金融机构贷款已占农民贷款总额的 57.4%，而私人贷款下降到 42.6%，其原来的绝对优势已不复存在。进入 20 世纪 80 年代后印度农村金融体系相对稳定下来。

三、印度的合作金融体系

印度的信用合作事业起步于 20 世纪初，经过近百年的发展，信用合作体系已经在印度金融体系中占据重要地位。现在印度 90%的农村地区建立了信用合作社，50%以上农业人口加入了信用社。印度的合作金融体系由邦合作银行和土地开发银行组成，邦合作银行下面管辖着中心合作银行，中心合作银行下面又管辖着初级信用社。没有中心合作银行的初级信用社由邦银行直接管理。

初级信用社是乡村级的合作信贷组织，规模较小，按规定 10 个人以上即可以组织信用合作社，但必须向政府注册登记。信用社只向社员收取少量的入社费，发放短期和中期贷款，同时兼营生产、加工和销售、购买生产资料等业务。信用社的最高权力机关是社员大会，具体管理由社员大会选举产生的执行委员会负责。其资金来源主要由社员股金、储蓄基金、储蓄存款、政府或其他部门的贷款组成。

中心合作银行是一定区域内初级信用社的联合机构，主要职能是向初级信用社发放贷款，适当平衡所辖区域内信用社的资金流动，在初级信用社和邦合作银行之间起桥梁作用，同时也发挥一般银行的支付作用。

邦合作银行是信用合作组织的最高级机关，也是提供中、短期贷款的合作金融机构。它从印度储备银行取得贷款，向中心合作银行提供资金，在没有中心合作银行的地区，则直接向初级信用社提供资金，并监督其活动。

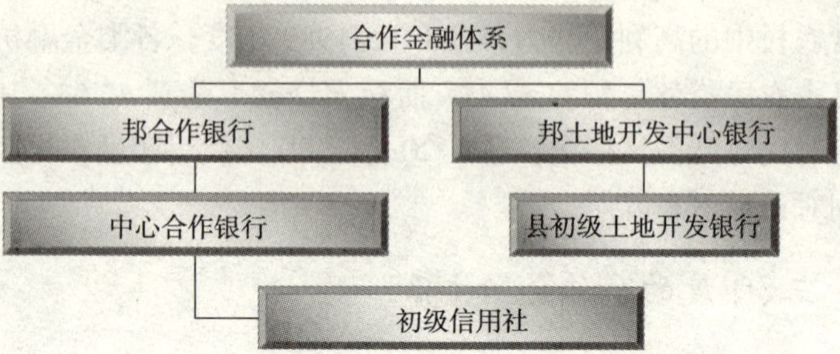

图 4-8　印度合作金融体系的构成状况

土地开发银行是负责发放长期贷款的机构，有邦土地开发中心银行和县(区)初级土地开发银行两级。土地开发银行主要提供购买价值较高的农业设备、改良土地、偿还旧债和赎回抵押出去土地的贷款,其发行的债券由各邦政府担保,由合作银行、商业银行、印度国家银行和印度储备银行认购。

与商业银行和区域农村银行相比,合作社银行网点多、覆盖面广，它在印度农村的金融分支机构是商业银行和区域农村银行的2倍,比商业银行和区域农村银行的客户之和还多。但是合作金融机构分布不均,东北部则很少。

四、印度“领头银行”计划和信贷补贴支持

印度在农村金融发展中推行了“领头银行”计划。该计划规定，每一地区必须有一个领头银行负责该地区的发展开发工作，这家银行必须对国家规定的优先发展的行业提供金融支持。由于农业和棉花工业被印度列入国民经济中优先发展的行业,按照规定,领头银行必须至少将30%的贷款贷给这两个行业。这样的规定最大限度地减少了农村金融机构之间功能和业务的重合与矛盾，有利于农村金融体系的稳定发展。

为降低农村投资的成本,印度广泛采取了利率补贴计划。印度在1972年规定了商业银行农村信贷的差别利率:国有商业银行借贷给农村中的弱势群体的资金年利率不得高于4%,而且此类信贷资金不得少于银行总贷款的1%。这就保证了农民能够以优惠利率获得正式金融机构的信贷支持。

第四节　印度尼西亚的农村金融

一、印度尼西亚农村金融概述

1945年独立时,印度尼西亚(以下简称"印尼")经济基础薄弱,结构不合理,生产技术落后,农业发展缓慢。20世纪60年代末以来,政府采取引进国外资本和技术,鼓励国内外私人资本投资,积极开发自然资源和扩大对外贸易等措施,经济得以迅速发展,也促使农业较快发展。

印尼农村金融是以推动国家特定的农村发展计划为基础的。20世纪70年代,印尼政府农业政策的主要目标是:增加国内消费粮食的生产以实现粮食的自给自足,创造就业机会,增加贫困的农村人口的收入和改善国际收支状况等。印尼的农村金融活动就是以实现上述政府目标为内容的。

印尼的农村金融体系以印尼人民银行为中心,它是一所为政府所有并面向农村的专业银行,除了设在城市地区的分、支行外,在乡村地区印尼人民银行还设有乡村部。其组织机构,从上至下有四层。第一层,是位于首都雅加达的总部;第二层为15个地区分行;第三层为320个支行;第四层为3000多个位于乡村地区的乡村部(乡村银行)。

印尼农村金融机构除印尼人民银行以外,还有分别服务于农产品出口部门和以种植园为服务对象的国有商业银行,区域性的地方开发银行、农村银行、米谷银行,以及非银行金融机构如信用保险公社、协同组合信用保险协会等,形成了一个较完备的农村金融体系。

二、印尼人民银行

1. 人民银行简介

人民银行是印尼五大国有商业银行之一, 建于 1968 年, 主要职责是提供农村金融服务, 促进农业发展。从覆盖面来说, 印尼人民银行的分支机构网是印尼所有银行中最大的, 实际上覆盖了整个国家。近年来,印尼人民银行结合本国经济的发展,为大量农村低收入人口提供了信贷服务,支援了农业发展,在商业经营上取得了很好的效果。截至 2004 年底,在为数众多的印尼人民银行乡村部当中,有 96%的小额信贷业务实现了盈利。

除了在国外的 4 个分支机构外, 印尼人民银行在地区或市一级有 320 个分支行, 而印尼总共才 196 个城市;在城市以下还有 3000 多个乡村分行(人民银行乡村部)的零售机构。在印尼,80%地级以下的城镇都可以找到印尼人民银行,大部分村民都可以很方便地到达。

虽然分支行和村银行都是人民银行机构的一部分, 但两者在服对象和运行模式上有明显的差别。

之所以会形成这样迥然不同的运行模式和服务对象, 是源自 1984 年的农村金融改革。在改革前,人民银行乡村部只是基层行的派出机构,不能独立进行经营,所有的贷款审批权和财务核算全都在基

	人民银行分支行	人民银行乡村部
运行模式	实行商业化运作的同时,还要管理政府资助项目贷款	完全商业化运作
服务对象	主要为城镇和城镇周围的客户服务	主要为农村地区的小客户服务

表 4-2 印尼人民银行分支行与乡村部的区别

层银行;改革后,乡村营业所成了基本经营单位——乡村银行,独立核算,可以自主决定贷款规模、期限和抵押,执行贷款发放与回收。

在印尼金融体系改革前，作为实现国家粮食自给自足计划的一个组成部分，印尼人民银行乡村部负责向农民提供政府补贴贷款。印尼政府为了促进大米的生产,对印尼人民银行乡村部提供了大量的政府补贴,政府承担了75%左右的项目贷款损失。虽然印尼人民银行在扶持农业方面取得了一定的成绩，但由于没有按照金融发展规律进行经营,贷款的回收率很低,不良资产比例曾一度达到了80%,致使该银行出现并长期存在巨额亏损,加之存款服务缺乏弹性,因此导致可持续性发展的逐渐降低。

随着农业生产项目的结束,政府不再为乡村部提供补贴。印尼人民银行面临着艰难的选择:或者关闭村级机构,或者采取激进的措施提高其盈利能力。由于关闭机构会浪费资源,破坏与客户已经建立起来的良好关系,所以,在财政部的鼓励下,印尼人民银行决定将村级机构转变为农村银行体系。而要将村级机构从转变为按照商业化运作的提供完全金融服务的农村银行,就必须对整个村级机构体系进行重组。

2. 印尼人民银行的改革措施及效果

(1)改革的措施主要包括以下几个方面。

第一,按照商业化原则改造人民银行乡村部。将3000多个村级营业所由上级银行的业务代理机构变为自负盈亏按照商业化原则经营管理的村银行,在财务上不再依靠政府补贴。印尼的村级银行是独立核算的基本经营单位，尽管要受上级部门规章制度的制约,但村银行能自主决定贷款数量、期限和抵押。员工的工资大部分来自于乡村银行创造的利润，通过工资与营业利润的挂钩有效降低了业务风险。为了鼓励村银行职员,每年经营利润的10%在下年初还会分配给职员以激励员工的工作热情。对于贷款客户,如

> **专栏 4–3 设计精巧的村银行的组织结构**
>
> 村银行自身，一般设在地级以下的城镇中心，距离市场很近，为了节省成本通常只有一间办公室，而且这间办公室也都是租赁来的。一个村银行平均覆盖 16～18 个村，平均服务 4 500 个储蓄者和 700 个借款者。
>
> 每个村银行的运行结构都很简单，并有意将规模定得很小。一个标准的村银行由 4 名员工组成：一名村银行经理，负责管理所有的业务；一名会计员，负责必要的田间工作以确认与贷款申请有关的信息，并负责追踪违约的借款人；一名出纳员，负责柜台服务；一名文书，负责记录、保管文件以及准备财务报表。随着业务量的增加，员工可以适当增加，但最多为 11 人。如果村银行的业务扩大，超出了最大员工数额限制，那么，就必须对村银行进行拆分，以便保持小而集中的运作。
>
> 资料来源：张惠茹，《印尼人民银行 -- 村银行的成功经验及启示》[J]，《农村经济》，2005，(12)。

果在 6 个月内都按期偿还贷款，银行将每月返回本金的 0.5%作为奖励。贷款利率不论期限长短均为 32%，但如果客户不按期偿还，利率将提高到 42%。

第二，以市场为导向开展金融服务。首先是以市场为导向调整营业所的地址，在商业中心附近设置营业所。

其次，适应客户的需求积极引入新的储蓄品种，以提高存款服务的质量。1983 年开始，随着金融管制的逐步放松，利率形成机制逐渐市场化，印尼政府允许商业银行自己确定利率。印尼人民银行的存款利率是根据存款数额决定的，数额越大，利息越高。存款没有期限规定，任何时间都可提取，利息是根据账户上最小余额每月计算一次。这对储户具有很大的吸引力。村银行根据客户对流动性以及收益性的不同需求，提供了多种储蓄产品，满足了一般储户、较富裕的农民、想获得较高收益的公司以及机构的不同需求。

最后，最为著名也是最为有效同时的金融产品还是“小额信贷”业务的开展。小额信贷主要是指为低收入阶层（包括贫困农户）提供贷款，通常具有分期还款、小组联保、贷款成员的自我组织等特征。小额信贷的总的原则是——“满足顾客需求、能够盈利、简单化”。印尼人民银行开展的小额信贷业务，选择在贫困线以上、信用状况合格、有潜力的个人或家庭小作坊作为目标客户，提供期限最长为2年或3年的贷款，而贷款只允许用做流动资金或购买固定资产。小额信贷的实施，在满足低收入人群贷款资金需求的同时，也为印尼人民银行真正带来了经济效益。

第三，降低贷款管理成本。“保持最少的日常账簿、在租来的办公室办公、保证工作质量的前提下设置最少的员工、在业务量相对较少的地方采用了流动服务方式”，这些都充分体现了成本最小化原则。

借款人的第一次贷款申请到获得审批通常只需要一个星期，老客户的审批时间更短，在提高工作效率的同时，也降低了贷款管理成本。

另外，为了及时了解银行的运行状况，每个村银行每月上报一份只有一页纸的报表。从这份报表上，基层分支银行（相当于联社）可以判断每个村银行这个月的经营情况。基层银行的职员每月要去一次村银行，以便交换信息和了解情况。这种简洁的报告体系，在有效控制风险的同时，也将管理成本大大压缩。

第四，有效控制贷款风险。贷款抵押是保护存款者最安全的方法。村银行要求借款者提供足以覆盖贷款价值的抵押物。村银行规定：300美元以上的贷款，则可以用汽车、土地等物品作为抵押物。但由于小额信贷的贷款者大部分不能提供足够的抵押担保，因此，存银行专门开发出300美元以下的不需要抵押担保的小额信贷贷款品种，从而有效地满足了市场的需求。

“会计员”的设立既是人民银行乡村部运作的核心，同时也是规避风险的有效途径。会计员负责从借款者筛选到贷款监督和收回的全过程。每个会计员要为400个借款者服务，大部分工作时间都在田间地头，这使得他们对小额信贷的客户很是熟悉，可以充分获得借款者的信息，并建立起个人的银行——客户关系，从而降低了贷款农民恶意拖欠贷款的可能性，贷款违约风险得到有效控制。一般情况下，小额借款者的筛选由会计员进行，较大金额的贷款（4200 美元以上）通常由村银行经理再审。

乡村银行还采用了提高员工素质、选择好的客户、严格权限设置、双人经办、设置 3% 的坏账警戒线等方法来控制和降低风险，使仅占全部信贷业务 30%的小额贷款，创造了全银行 40%的利润。

(2)改革的成效。良好改革措施的实施，取得了卓有成效的结果：

第一，到 1996 年底，印尼人民银行村银行体系拥有 1 610 万个储蓄账户，储蓄余额 27 亿美元，250 万个借款者，贷款余额 17 亿美元；拖欠未还贷款占贷款总额的比例不到 4%，长期损失率 2.1%；创造利润 1.78 亿美元，而整个印尼人民银行的税前利润为 1.45 亿美元，这意味着印尼人民银行的全部利润实际上都是村银行体系创造的。因而，村银行体系的利润很大一部分需要用来弥补印尼人民银行分支机构的损失。

第二，经历了 1997 年东南亚金融危机后，村银行体系似乎并没有受到什么伤害，反而从中获益。1998 年末，村银行体系拥有 2000 万个储蓄账户，250 万个借款者。到 2001 年末，印尼人民银行村银行体系拥有 2 730 万个储蓄账户，280 万个借款者。

第五节　孟加拉的农村金融

一、孟加拉农村金融概述

孟加拉是世界上 49 个最不发达国家之一，经济基础薄弱，生产力落后，国民经济主要依靠农业。2004 ~ 2005 财年孟加拉农业产值达 5 596.7 亿塔卡，比上年增长 4.4%，占国内生产总值 21.9%。孟加拉国 85%左右的人口生活在农村。对于这样一个农业占很大比重的国家来说，发展农业与国民经济必须依靠资金的鼎力支持，而从孟加拉的融资环境来看，政府无法提供足够的资金支持，而农民自身资金供给就更为匮乏，因此也只有依靠农村金融的扶持。

孟加拉国的金融环境特点较为突出，以小额信贷为主要产品的微型金融获得了蓬勃的发展，而正规金融体系发展状况不佳。孟加拉的正规金融体系由中央银行、4 家国有商业银行、18 家私人商业银行、12 家外资商业银行和 4 家国有专业化银行构成，有 2 家金融发展机构为农业服务。此外，还有 2 个合作金融网络为农村地区服务，其中一个由合作社联盟管理，由一家私人银行出资；另一家由国有商业银行出资，受孟加拉农村发展委员会领导。

孟加拉农村地区的金融机构有三种主体：国有商业银行和金

图 4-9 孟加拉农村金融体系

融发展机构、乡村银行和各种微观金融非政府组织。

其中国有商业银行和金融发展机构是农村地区的正规金融机构，它们按央行政策规定，不断扩大在农村地区的分支机构和数目，并将 5%以上的贷款投向农村，放款对象一般是个体农民，重点放在种植业。

其对农村地区的贷款利率一般很低。为此,国家有一定补贴。

乡村银行和微观金融组织的服务可归类为非正规金融的组成部分,其覆盖率比正规金融要大得多。根据世界银行1996年的一次调查,乡村银行和微观金融组织共为25%的家庭提供了金融服务,而正规金融只服务了5%。

二、孟加拉乡村银行

1.乡村银行简介

乡村银行虽然被称做“银行”,但是它却不是真正意义上的银行。最初它是由孟加拉的一位大学教授——穆罕默德·尤纳斯经过考察实践,逐渐发展起来的,并不是由政府发起组织的。尤纳斯发现许多穷人只要有很少的一部分资金,就能做点小生意从而增加收入提高生活水平,如养头牛或是买辆三轮车,但却没有银行愿意给没有家产作抵押的穷人贷款。于是,尤努斯教授开始试验把自己的钱借给有需要的农民。让他惊讶的是,与人们想象的相反,穷人们信用很好。

尤纳斯教授之所以选择向穷人贷款而非直接提供援助主要是基于两方面的考虑。首先是因为借的钱是要还的,贷款人有责任和动力去努力工作,在努力的同时提高自己的能力,而不会像某些习惯了接受无偿援助或救济的人,坐等别人向自己伸出援助之手。其次,贷款与利息的偿还能够充分利用资金,使之能够被用来帮助更多的人摆脱贫困。可以说,当穷人们贷到款时,他们贷来的是机会,获得的是尊严,因为他们凭借的是自己的才智与努力,从而改善自己与家人的生活。

受到鼓励的尤努斯教授在一些国际发展组织的资助下,开始扩大试验的规模。1983年,尤努斯教授创立了专门向贫困家庭贷款的银行——孟加拉乡村银行。它被誉为是世界上规模最大、效益最好的扶贫项目和扶贫方法之一,在国际上受到广泛的推崇。小额信贷的成功摧毁了在农村金融市场上的三个传统偏见：穷人不值得信贷；妇女比男子预示着更大的信贷风险；穷人不储蓄。

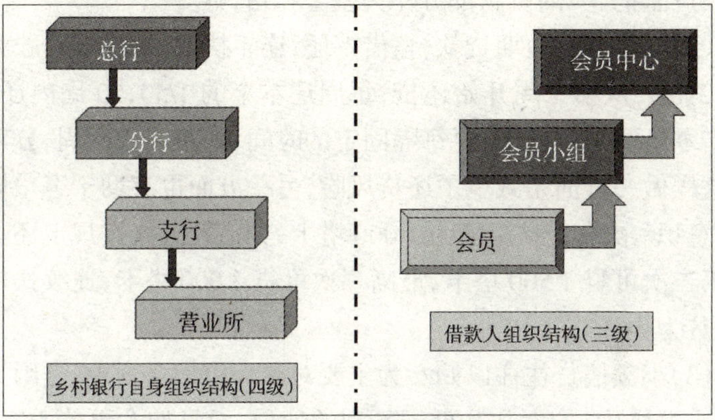

图 4–10 孟加拉乡村银行组织系纺

2.小额信贷简介

在孟加拉的金融实践中，小额信贷是一种小额、短期信贷方式，不需要担保，直接贷款到户，手续简单方便易行。小额信贷是国际上通用的一种扶贫模式。按照联合国计划开发署的定义，是指为贫困和低收入人群以及微型企业提供的一种小额信贷。其主要特征一般具有“以妇女为主、整借零还、小组联保”等特点。

(1)小组联保。小组联保是指客户自发组成小组互相担保，有人难以还款时，其他人帮助还款，这样，客户不需抵押财产就能贷款，而贷款的安全性也因互为邻里的组员了解彼此的底细和“面子”的压力得到保证。

乡村银行开展的小额信贷并不是直接向单个贫困农户贷款，而是与项目实施最基层的小组和中心发生关系。一般5人自愿组成一个小组，5个小组组成一个中心。贷款的发放，一般按“二二一”顺序，先贷给两个组员，观察两周后再贷给另外两名组员，最后贷给小组组长。每次借款必须储蓄一定数额作为所有组员的共同担保或保证。一般规定借款者每周须向项目存 1 元钱，发放贷款时，农户需把 5%的贷款部分作为基金扣留，等等。

（2）提供小额短期贷款，整借零还，连年扶持。贷款期一般为一年（52 周），从第二周开始还贷，每周还本金的 1/50，50 周内还清。“整借零还”是指客户需要每隔固定的时间，如一周或两周，分期还贷，这样做一方面是减少了还贷风险，另一方面也有助于客户培养理财意识。初次贷款金额为 1 000 塔卡，如借款人能按规定还本付息，第二次可贷 1 500 塔卡，最高一次可贷 3 000 塔卡，连续扶持直至脱贫为止。

（3）小额信贷往往以妇女为主要对象。以妇女为主，是因为在低收入群体中，妇女往往处于不利的地位，而且妇女更关心家人，而且妇女的还款意识要优于男人。这当然不排除男人的参与，只是强调妇女作为主要牵头人。

（4）小组会议和中心会议制度。每周召开一次小组会，每半个月左右召开一次中心会。开会时必须人人到会、并按规定安排小组成员会议位置，有事必须请假，对无故缺席者予以罚款。会议的主要任务是：回收周还款；与成员共同评估、选择新贷款项目；推广科技、卫生知识、传递信息；检查、监督贷款利用情况；帮助还款出现困难者解决遇到的问题等。

图 4-11　孟加拉 38 岁的妇女在喂自家的牛。2004 年 11 月 17 日，她从乡村银行贷款，慢慢走上脱贫之路

乡村银行的贷

款利率不高，必须接受补贴和捐助才能维持正常运营。根据估算，必须将贷款的名义利率从20%提高到33%才能完全不依靠补贴和捐赠。

乡村银行消除和缓解贫困的贡献在于：通过金融产品与服务的创新，对穷人进行合理组织，让穷人实际参与小额信贷项目的选择、管理、监督的全过程，大幅度地提高信贷项目的成功率和偿付率，改变人们传统"救济式"扶贫的思维方式和行为方式，为世界提供了扶贫到户的新思路。孟加拉乡村银行为穷人提供的资金、技术支持性服务亦向人们展示了贫困人口的信贷资金和技能一旦被资本化，加之其他还贷机制的约束，他们就能够成功地使用信贷资金为家庭创收，并将这些收入直接用于提高生活水平等。

3. 乡村银行开展小额信贷的成效

根据乡村银行最新的报告，乡村银行自助组织机构目前有15个分行，122个地区行（支行），1 173个营业所(每个地区行管理8～10个营业所)；借款人组织机构有中心6.8万个，小组50万个，成员250万个。目前，乡村银行业务已经覆盖了全国64个县中的60个。其发展速度之快，规模之大，令人惊讶。这也正好从另一个方面说明了小额信贷和乡村银行开办的成功。

早些时候，一项重要的乡村银行研究也发现了有关经济福利的统计证据。乡村银行成员的收入比未开展小额信贷项目地区的对比组的收入高43%，在开展小额信贷项目的村庄里，未参加小额信贷的村民比小额信贷成员的收入低28%。乡村银行成员还能够更多地依赖储蓄和他们自己的基金去对付危机，而不是再从高利贷那里借钱。他们的工资也增加了。

三、孟加拉的微型金融组织

微型金融组织是向低收入人群提供包括信贷、存款、保险等金融服务的金融组织，尤指向穷人提供小规模贷款以便其开展生意的机构。它出现于20世纪70年代，到90年代，微型金融组织经过理论论证和实际经验积累后，逐渐发展成熟。

微型金融组织贷款是一种民间自发的金融安排形式，其特点是贷款规模很小，期限很短，基本是流动资本借贷；采用循环贷款的方式激励借款人及时还款；制订还款时间表，定期还一部分欠款，保持了对借款人的紧密联系和近况追踪；信贷管理员效率很高，平均每个信贷员要管理75～100个贷款小组，或者200～500名个体借款人。

微型金融组织用小组成员之间的相互约束和监督作为还款保证，不要求有抵押物；放贷决策权下放给信贷管理员，借款程序比较简单、方便，还款率在95%以上。从整体来说微型金融组织的灵活性很强，可以根据其成员的需求迅速转变服务类型。

据估计，在孟加拉大约有1 000多家微型金融组织，不同的微型金融组织规模相差也很大。它们均提供贷款，其中一些吸纳存款，还有一些提供非金融服务。放款大多采取类似于乡村银行的“小组担保”贷款方式。微型金融组织提供贷款的利率较高，至少扣除通货膨胀率后实际利率为正，能够弥补所承担的风险。在存款动员方面，微型金融组织并不积极动员会员主动将富余资金存入组织。乡村银行的客户将存款看做是借款的一项额外费用；而微型金融组织大多不吸收存款。对380家微型金融组织的调查显示，会员总存款量只占总资金的16%。

第五章　非洲部分国家的农村金融

第一节　南非的农村金融

一、南非农村金融概述

南非原是一个农、牧业国家，随着工矿业的发展，农业在国内生产总值中的比重逐步下降。从 1930 年的约 20%降至 1960 年的 12.5%、1981 年的 7.1%，到 1992 年遭受严重干旱时仅占到 4.2%。目前，南非农业在国民经济中仅占国内生产总值的 4.54%。尽管如此，农业在南非国民经济中仍占重要地位，并且对整个南部非洲地区的发展和稳定起着至关重要的作用。除少数干旱年份外，南非一直是粮食自给有余且能出口的国家。

南非按西方模式发展了附属于矿产出口的农村经济，为了保证大型农场栽培作物和购买农机、添置牲畜的需要，又建立了比较完备的信贷机构。南非的中央银行为南非储备银行，在它的管理下，形成了南非农村金融体系。它们有官办的土地银行，也有私营的商业银行的其他金融机构，还有政府的农业信贷局，以及为土地银行充当贷款中介的农业合作社。另外，还有一些私人贷款者。

虽然南非以金属采矿业作为国民经济的支柱产业，但政府却并未因此而忽视农业的发展。相反，南非政府在宏观金融调控上采取积极措施，有力地支持了农业和农村的发展。南非的农村金融体系由政府组建的农业信贷局为启动和辅助力量，以土地银行为基干，动员了商业银行和其他金融机构的资金，并以合作社作为直接与农民联系的桥梁，从而有力地推动了农村金融业务的发展。

二、南非土地银行

南非土地银行成立于1912年，是融通农村资金的主要渠道，到1983年9月，土地银行共有资产总额48亿兰特(南非的货币单位，约合20亿美元左右)。虽然土地银行可以通过发行股票筹集资金，但它并未采用这一渠道，而主要热衷于出售债券。因此，按照南非中央银行即南非储备银行的规定，土地银行所发行的债券，可以作为法定的流通手段，形成流动资金，从而使土地银行得以方便地获得大量支农资金来源。

土地银行的贷款对象既有农户（主要是有抵押的农场主)，也有农业合作社和农业管理局。农场主是长期贷款的主要对象，贷款用于购买土地、兼并产权、基本设施的建设，也用来购买农机和牲畜，额度一般以抵押土地的价值为限，期限长达25~40年，年息约11%。农业合作社是短期贷款的主要对象，用于蔗农、水果与葡萄种植者的季节性开支，贷款期限1~1.5年，年息约15%。对于农户的短期贷款，常采用现金信用账户的形式。农业管理局也从土地银行得到一部分短期贷款，它根据《市场运销法》借入资金，进行价格的调剂与控制。对于遭受旱灾的农户，土地银行还组织过特别救济计划，对其贴补利息或允许延期偿债。土地银行也对部分农户发放少量中期贷款，帮助他们购置农机设备和牲畜。

三、南非的商业银行对农村的支持

商业银行和其他农村金融机构，也是南非农村贷款的重要来源，它们的贷款占整个农村贷款的40%以上。商业银行贷款的对象,既有农户,也有农业合作社,还有土地银行(购买其证券)。具体数据商业银行对农户贷款的主要形式是透支账户。不但季节性随时偿还的资金需求可以透支,而且允许透支长期延续使用,从而解决了农户的中期资金融通的问题。

四、其他金融机构对农村的支持

除了商业银行之外,南非的其他金融机构,包括抵押债券联合组织、保险商、养老基金会、信托公司等,也向农村发放土地初次抵押的长期贷款,一般贷款额度只占抵押品价值的50%,期限25年。南非商业银行和其他金融机构的农村贷款利率弹性较大,优惠透支的利率一般为年息20%,而普通透支、租赁和租购的利率还要高些。

此外,南非的中央银行以及货币银行,也直接间接地向农村提供资金支持。

五、农业信贷局

农业信贷局是南非政府专门设立的扶持性农村金融机构,当农户不能从其他渠道获得合理期限和正常利率的贷款时,可以向农业信贷局申请贷款。贷款主要用于债务清偿、土地购置、农机和牲畜的购买等,有时也用于土壤改良、农田灌溉、房屋设施和庄园建设方面,尽管农业信贷局的贷款在整个农贷中的比重已降至4%左右,但由于其利率优惠和期限较宽,仍然是整个农村贷款的重要辅助力量。

六、农业合作社

南非的农业合作社主要经营信贷业务。它的资金来源主要是土地银行,因而有人把它看做是土地银行贷款的中介机构。但其实合作社也有少量社员投资的自有资本和准备金，以及来自商业银行的贷款和透支等。小农从合作社取得贷款，比直接从土地银行申请贷款方便，而土地银行贷给合作社，又比直接贷给分散的小农更为省事和安全。合作社还提供金融咨询服务，评估农户的信誉，并组织干旱区救济计划的实施和及时满足农事高峰季节的资金需要。

七、私人借款者

除了这些金融机构以外，南非农村还有一些私人贷款者，包括富裕农场主、律师、店主和商贩。尤其是地方上供应饲料、化肥、农药等生产资料的商人，他们以往来账户的形式赊销商品，这种贷款实质上是一种商业信用，甚至接近高利贷。

第二节　尼日利亚的农村金融

一、农业银行

尼日利亚农业银行成立于1973年，是发展银行的一种，也是农村金融业务的主要承担者，部门设在全国居中的卡杜纳州的卡杜纳市，并在六个州设有分行。尼日利亚农业银行作为联邦政府所有的有限公司，其经营目标是提高农业生产和农产品贮藏和销售的水平和质量，促进联邦政府和各州农业生产计划的实施。

农业银行主要提供两类贷款：一类是转贷款，由银行贷给中间机构，这些机构包括州政府、州所有的团体、合作企业以及合作银行，再由这些机构贷给农业生产者；另一类是直接贷款，由银行直接贷款给个体农户或农户组织，为了防止转移用途，这类贷款尽可能以实物形式支付。

根据规定，尼日利亚农业银行不得直接吸收储蓄存款，其资金来源全由联邦政府提供，因而其自身力量有限。

二、中央银行

尼日利亚中央银行也经营农村金融业务。尼日利亚中央银行成立于 1958 年，设有货币金融政策制定部、管理和人才开发部与经营部三个部门。经营部有外汇业务和农业信贷两项内容。1977 年，中央银行的经营部下设的农业信贷部拥有基金 10 亿奈拉（尼日利亚货币单位，1 元人民币相当于 15.96 奈拉），专门为联邦政府和银行确立的农业发展项目提供信贷，保证 75%以上的资金通过其他银行渠道贷给农民和农业企业，利率也较优惠。1978 年，当制造业、矿业、建筑业贷款利率为 8%时，家庭个体农户和农业生产部门贷款利率为 6%，而农业发展重点项目利率只有 4%~6%。

三、商业银行

尼日利亚各商业银行对农村的贷款呈下降趋势。由于农林牧渔业利润率偏低，也由于急剧兴起的石油业吸引了大量资金，农林渔业贷款占商业银行总贷款的份额，从 1958 年的 30.8%，下降为 1975 年的 2.6%，1977 年才升为 4.5%，其绝对额为 1.39 亿奈拉，而 1977 年各商业银行的总贷款额为 30.74 亿奈拉。

四、批发银行

尼日利亚批发银行到 1977 年有 5 家。它们在 20 世纪 70 年代中期业务有较大发展，也有少量的农村贷款。1976 年批发银行生产贷款占总贷款的比重为 70%，其中农业贷款为 6%。

五、工商银行

尼日利亚发展银行中的工商银行也经营一些农村信贷业务，它成立于1973年，主要业务对象是工商业。1977年3月，尼日利亚国家工商银行对粮食和蔬菜企业贷款为4.6亿奈拉，对林业和木材生产企业贷款为1.09亿奈拉。

第三节 乌干达的农村金融

一、乌干达的小额信贷机构

乌干达大约有100种不同类型的小额信贷机构。每种类型的小额信贷机构分支机构从1~10不等。它们有的以妇女为服务对象，有的以残疾人为服务对象。下面简单介绍几种机构。

发展行动组织成立于1995年，至2001年有9个分支机构。它是一个非利润、非政府、非宗派主义的妇女组织，它的使命是通过与其他组织的紧密合作，和农村及城市妇女的通讯和网络，改善乌干达妇女的地位和生活。通过共享关于健康、家庭计划、法律权利、产生收入的项目和其他社会问题方面的知识和经验，来使妇女武装起来。

世纪农村发展银行成立于1983年，有16个分支机构。它为经济上贫穷的乌干达人提供一系列金融服务。如储蓄、信贷和资金转移服务。它向250000乌干达家庭提供了服务，主要在农村，它83%的贷款投放于农村，77%的储蓄来自于农村。

它的目标客户包括农村居民、小自耕农和其他弱势群体，如妇女。这些人之所以用世纪发展银行提供的金融服务，主要是因为该银行提供的服务进入门槛低，它的最低储蓄数额为10 000乌干达先令(乌干达货币单位,1 人民币 =218.98 乌干达先令),约折合 6 美元,最小贷款数量为 50000 乌干达先令,约折合 30 美元。除了商业贷款,世纪发展银行还开发了一系列农业贷款产品,这些产品以农业生产的特征为基础,有灵活的还款计划,同时也考虑到农 民收入。

乌干达妇女互助金融组织，成立于 1987 年，有 11 个分支机构。它的使命是向乌干达低收入人群提供独特的金融服务,并且增加股东的价值。它提供的产品包括储蓄、信贷和货币支付。到 2004 年为止，其客户的数量已达 98003 人，其中借款人数量为 20600 人,储蓄者数量为 98003 人,资产 6870118 美元,平均贷款规模为 502 美元,其中妇女占 67%。

二、乌干达商业银行

乌干达商业银行引入一个新的计划:农户计划,来帮助小农户渡过困难的经济时期。 这个计划目标是通过向农户(大多数是妇女)直接提供小额的贷款,来提高农业产出。这种贷款的发放无需担保,只是基于借款人的品质。这些贷款的大部分是以投入的形式出现,如锄头、手推车、弯刀,同时也提供给劳动者小额的现金。贷款期限为 18 个月,利率比商业利率低 32%。到 1988 年,这个计划已经向大约 7000 个农户提供了 4 亿先令。计划吸引了超过 2000 万美元的外国援助,包括非洲发展银行的 1800 万美元。

至 2005 年 7 月,商业银行共有储蓄 22869.9 亿先令。发放贷款 12597 亿先令。其中,农业部门贷款为 1603 亿先令。农业贷款占总贷款的份额为 12.9 %。

三、发展银行

乌干达发展银行成立于 1972 年，它是国有的发展金融机构，它从国际渠道融资，向乌干达企业发放贷款，管理大部分向乌干达发放的发展信贷。

四、乌干达邮政银行

乌干达邮政银行，成立于 1937 年。它位于乌干达首都坎帕拉，完全由乌干达政府所有。乌干达邮政银行目的是动员储蓄并向中低收入人口提供金融服务。邮政储蓄银行在 2005 年 1 月与 MTN 乡村电话合作，提供电话银行产品。由此，其业务扩展到乌干达北部地区，增加了服务的覆盖率。

乌干达邮政银行开发了一种新的产品，叫做商业贷款，目标是鼓励低收入挣钱人为将来的投资储钱。贷款将以较低的利率发放给中小企业。商业贷款是对现在商业信贷的一种修正，它专门为运转资本融资。邮政银行的贷款组合已经扩展到养老金贷款、大额贷款和新的商业贷款。它还将与微型金融机构合作来增加储蓄动员，以在没有分支机构的地区提供金融服务。商业贷款主要集中在贸易与商业部门，民事行政部门和教育、农业、建筑和工程部门。借款人可以获得贷款额度从最小 10 万乌干达先令到 10 亿乌干达先令，最低偿还期是 3 个月。

第六章 国际组织对农业与农村的金融扶持

第一节 世界银行集团

图 6-1 世界银行标志

世界银行集团共包括五个成员组织：国际复兴开发银行、国际开发协会、国际金融公司、解决投资争端国际中心和多边投资担保机构。

国际复兴开发银行主要向发展中国家提供中、长期贷款，贷款利率低于市场利率；国际开发协会专门向低收入的发展中国家提供长期无息贷款；国际金融公司则负责向发展中国家的私营部门提供贷款或直接参股投资。这三个组织均为金融性机构，具体任务虽不尽相同，但其最终目的都是通过向成员国中的发展中国家提供资金和技术援助，以帮助这些国家提高生产率以促进其经济发展。

图 6-2 世界银行总部大楼

多边投资担保机构是一个非金融性机构，旨在帮助发展中国家的成员国创造一个良好的软投资环境，以更有效地吸引外资来促进本国经济发展，其主要业务是为在发展中国家的外国投资者提供非商业性风险担保和投资促进性咨询服务。

解决投资争端国际中心也是一个非金融性机构，主要是通过调解和仲裁，为各国政府和外国投资者之间解决争端提供方便，以鼓励更多的国际投资流向发展中成员国 。

一、世行的农业贷款

1. 农业贷款在世行贷款中所占的地位

1946 年开业后的初期阶段，世行对发展中国家的贷款，主要用于能源、交通、电信等基础设施项目，忽视了对农业的投资。20 世纪 60 年代初，发展中国家努力发展经济，国民生产总值虽有一定增长，但农业发展却十分缓慢。有些发展中国家 20 世纪 60 年代粮食产量平均每年只增加 0.2%，20 世纪 70 年代甚至出现负增长。造成这种情况的原因很多，如旱涝灾害频繁，生产技术落后，管理水平低下，人口出生率较高等，但根本原因却是农业投资不足。

为此，世行从 20 世纪 60 年代开始，逐步把农业列为贷款的重点，给发展中国家不断增加农业和农村发展的贷款。从贷款额来看，1960 年世行承诺的农业和农村发展贷款为 13400 万美元，约占该年度贷款总额的 13.8%，1970 年增至 43640 万美元， 占 19.5%，1980 年为 346840 万美元，占 30.2%，1990 年为 365610 万美元，占 17.7%，1991 为 370730 万美元，占 6.3%。截至 1991 年 6 月 30 日，世行累计承诺农业及农村发展贷款 605.027 亿美元，占世行同期累计贷款总额的 22.6%，在世行贷款的各个行业中居首位。

世行农业贷款对发展中国家农业的发展具有重要意义。首先，使用世行的农业贷款，不仅可以给农业和农村的发展引进资金，还可引进先进的农业技术和管理经验。世行强调直接在发展中国家建立农业推广机构并对农民进行培训，这些都有利于提高受援国整个农业生产水平。其次，一些主要的双边援助国家，在提供贷款及援助时，总是要求借款国进口他们的设备和劳务，而世行一般没有这些要求。第三，某些双边援助国在农业援助中，忽视大而穷的国家，世行对这些国家则一般比较公平，给予较大份额的贷款。例如，印度就是获得世行贷款最多的国家。

世行农业贷款的行业分配。世行发放的农业贷款，范围相当广泛，大大超出了狭义农业的概念。它包括以下10个子项：农业信贷，灌溉和排涝；地区发展项目，即农村综合发展项目；林业：畜牧业；渔业；农产品加工业；多年生作物；技术研究和推广；农业部门贷款。从贷款的范围看，实际上是一种农业和农村发展贷款，我们简称它为农业贷款。从贷款在农业部门各子项之间的分配来看，灌溉和排涝项目取得的资金最多，其次是地区发展项目。这反映了世行十分重视改造低产田和改善农业基本生产条件的项目，对地区综合发展的项目也给以相当的重视

(二)世行农业贷款的地区分配

据世行估计，20世纪70年代初期发展中国家的赤贫人口有6.3亿人，绝大部分在亚洲和非洲，80%以上的贫困人口又居住在农村。所以，以扶贫为重要目标的世行农业贷款，就比较集中地投向这两个地区。

世行认为缺粮和贫困是相互关联的，但缺粮是贫困问题的主要方面。而非洲缺粮和贫困又主要都在农村，应加强对非洲农业生产的支持。据此，世行增加了对非洲的农业贷款项目和贷款金额。到1991财政年度，世界银行对非洲的贷款相应增加到59.757亿美元，占全部贷款比重的26.6%，今后世行仍以非洲为援助重点，非洲获得的农业贷款会继续增加。

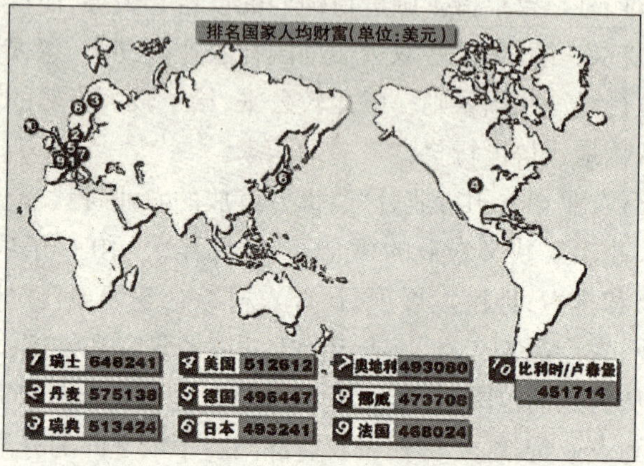

图 6-3　世界银行公布世界最富国家前 10 名

二、世行 20 世纪 70 年代制定的农村发展战略

20 世纪 70 年代初，世行根据自己在农业贷款方面的经验，以及各国双边援助机构在发展中国家进行农村发展和建设方面的经验，在进行农业贷款方面得出了一些新的认识：

第一，认为发展中国家的贫困问题仍很严重，而贫困人口的绝大多数是在农村。因此，凡为减轻发展中国家的贫困而进行的任何尝试，都应以农村贫困人民为重点。

第二，20 世纪 60 年代中期南亚发生的严重粮荒表明，当时这一地区经济发展获得的利益并没有扩散到受粮荒之苦的赤贫农民身上，他们多半是小农户，占有很大一部分可耕地。为此，要向这些农民投资，以提高他们的生产能力。

第三，当时出现的“绿色革命”技术（主要指各种高产谷物良种的推广）具有增加粮食生产和农业收入的潜力，应该大力推广和发展。

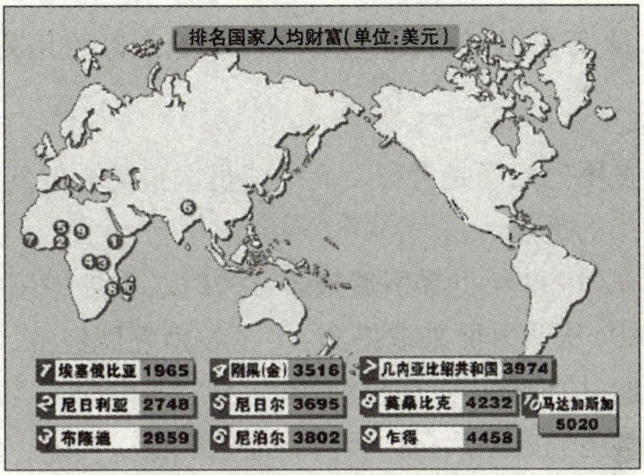

图 6–4 世界银行公布世界最穷国家前 10 名

第四,农村发展规划应着眼于整个农村的综合发展。

基于以上认识,世行制定了“农村发展战略”,于 1973 年由行长罗伯特·麦克纳马拉正式宣布,并一直执行到 20 世纪 80 年代后期。新的战略首先强调要发展农业,要把农业作为世行贷款的重点,放在优先考虑的地位。其次,强调发展综合性的农村发展项目。世行规定,在农业贷款中,至少有一半提供给农村发展项目。第三,不能单纯搞农业生产,而是要发动内容广泛的农村变革。为此,它制定了一整套向农民提供卫生、教育、清洁用水、住房、交通等服务的配套目标。新的农村发展战略还提出了雄心勃勃的生产率目标,要求到 1985 年,小农户的生产每年增长 5%。

世行的农村发展战略对它的贷款计划及经营政策产生了重大影响。1974~1986 财政年度,世行在世界范围内共提供 943 个农业贷款项目,贷款金额为 385 亿美元。这些项目的总投资估计为 1 040 亿美元。其中 1978 财政年度,农业贷款额曾占到世行当年贷款总额的 38.8%。数额之大,项目范围之广,尤其是农村发展项目数量增加之快，都是空前的。

三、目前世行在农业贷款中比较注意的问题

1. 减少贫困问题

减少贫困的问题是世行发展中成员国最关心的问题，因而也是世行工作的重点。

世行在《1990年世界发展报告》中建议，发展中国家在减少贫困的工作中，从两方面采取措施：一是鼓励发展经济，特别是劳动密集型行业，增加贫困人民的就业机会；二是向贫苦人民提供社会服务以改善他们的生活条件及提高他们的谋生技能，世行在自己的贷款活动中，已执行以上减少贫困的战略。由于贫困人口的绝大部分居住在农村，农业又是发展中国家劳动最密集的行业，因此，世行在农业贷款中特别注意扶贫问题。与减轻贫困有关的项目，在世行目前贷款项目中占有很大的比例。在1990~1991财政年度中，世行共承诺主要目的在于减少贫困的贷款项目46项，共计38.181亿美元，其中农业和农村发展项目22项，共计21.208亿美元，占55.5%的比重。

2. 环境问题

环境问题是世界各国，特别是西方发达国家关心的重点，因而也是世行当前最重视的问题之一。世行认为，环境问题是20世纪90年代发展问题的一个重要部分。

环境问题同农业和农村发展有密切关系，农村贫苦农民最先受到不利环境的影响。例如，水的污染影响到人们的健康；森林消失造成的水土流失可导致农作物和耕地的消失；水源减少和森林消失造成农村饮水困难和烧柴困难；河流水文特性不稳定造成灌溉系统损坏，导致农作物减产。这些都使得农村贫困农民更加贫困。贫困加上人口膨胀，又迫使农民扩大生存空间，使环境进一步

恶化,形成恶性循环。所以,世行在农业贷款项目中列入了很多与保护环境有关的内容。

3. 更重视部门业务贷款问题

世行目前有三种主要的贷款类型:

(1)特定的投资贷款。用于农业、教育、能源、城市发展及供水等方面的贷款大部分属于这类贷款,又称“项目贷款”。它在贷款中占相当大的部分。

(2)部门业务贷款。用于支持特定部门进行政策调整及机构改革。

(3)结构调整贷款和规划贷款。

世行这三类主要贷款方式,除了特定的投资贷款是农业贷款的主要形式外,部门业务贷款同农业及农村发展也有非常密切的关系。农业信贷及农业部门贷款都属于部门业务贷款的范围,它们在世行累计承诺的农业及农村发展贷款额605.027亿美元中(截至1991年6月30日),分别占到102.218亿美元和57.246亿美元,两者合在一起为159.454亿美元,占到农业及农村发展贷款总额的26.4%。

近年来世行越来越强调依靠借款国的力量来选定和执行农业项目。因此,它加大了农业信贷及农业部门贷款在整个农业贷款中的份额,1989财政年度,农业信贷及农业部门贷款共15项,金额为11.639亿美元,占世行农业及农村发展贷款总金额的33.3%,而到了1991财政年度,上述数字就相应增至17项,金额16.868亿美元,占45.5%。看来,今后仍是增加的势头,这是农业贷款发展的一个值得注意的趋势。

第二节 国际农业发展基金会

一、“农发基金”的成立

20世纪70年代初，世界不少地区农业歉收，出现“粮食危机”。在发展中国家的积极推动下，联合国于1974年11月在罗马召开了世界粮食会议，决定成立“国际农业发展基金会”，(以下简称“农发基金”)以便为发展中国家的农业开发，尤其是粮食生产提供资金。

联合国《关于建立国际农业发展基金会的协定》于1977年11月13日正式生效。农发基金于1977年12月成立，并从1978年1月1日起开始其业务活动，现已发展成为联合国粮食与农业的三大机构之一。

农发基金现有162个成员国，这些国家共分为三个类别：I类国家——经济合作与发展组织成员国，共21个；II类国家——石油输出国组织成员国，共12个国家；III类国家——发展中国家，共129个国家。

农发基金的宗旨是“筹集资金，以优惠条件提供给发展中的成员国，用于发展粮食生产，改善人民的食物营养，逐步消除农村贫困现象”。农发基金是为发展中国家的扶贫和农业开发提供资金服务的一个国际金融机构。

在增加粮食生产方面，有短期项目、长期项目和政策支持项目：短期项目主要是通过改良土地、改进排灌、改良品种、改进农作制度和管理水平来提高作物产量；长期项目主要是通过兴修水利、垦荒和移民等手段改善和提高农民的生产和生活条件；政策支持项目主要是协助政府解决在土地、物价、信贷、市场、补贴等农业政策投资方面的资金需求。在消除贫困方面，农发基金主要强调贷款项目要直接用于经济条件差的个体农户和乡村妇女，而不能用于国有企业或为私人资本盈利。

二、资金来源与筹措

农发基金的资金来源包括：创始基金；成员国补充捐款；非成员国和来自其他方面的特别捐款；农发基金的投资收益。

农发基金资金的筹措由三个类别的国家协商提出认捐总额。I、II 类成员国是农发基金的主要捐助国；III 类成员国是农发基金的主要受援对象，但也根据自愿的原则捐助部分资金。农发基金每 3~5 年进行一次资金补充，到目前为止，共进行了五次补充资金认捐，累计总额达 41 亿个特别提款权(包括创始基金)。

三、资金的使用：赠款和贷款

1. 赠款项目

赠款用于技术援助，不超过年度工作计划的 7.5%。贷款分为三类：

（1）高度优惠贷款。每年收取 0.75%的服务费（1994 年以前收取 1%），贷款期 40 年（1994 年以前为 50 年），含宽限期 10 年。凡人均国民生产总值不超过 805 美元的国家均可使用此类贷款；

（2）中度优惠贷款。年利率相当于其他国际金融机构浮动利率的 50%（现为 3.54%），贷款期 20 年，含宽限期 5 年，人均国民生产总值在 806~1305 美元之间的国家适用此类贷款；

（3）普通贷款。年利率相当于其他国际金融机构浮动利率的 100%（现为 7.07%），贷款期 15~18 年，含宽限期 3 年，适用于人均国民生产总值 1 306 美元以上的发展中国家。

2. 贷款项目

贷款项目涉及农业开发、乡村发展、信贷、灌溉、畜牧、渔业、移民定居、农产品储存、加工和销售、科研推广培训等九个领域，近来又强调对农村贫困妇女进行扶持。

四、组织机构

农发基金的组织机构包括：管理大会、执行局和秘书处（总裁及其工作人员）。

1. 管理大会

农发基金的管理大会由全体成员国组成，为农发基金的最高权力机构。成员国各派一名理事和一名候补理事。理事有投票权，候补理事只有在理事缺席时才有投票权。管理大会每年召开一次，审议上年度的工作报告、下年度的工作计划和预算、资金补充认捐、选举新总裁、修订贷款政策和贷款条件等。

2. 执行局

农发基金执行局由18个董事成员国组成，在管理大会年会上选出，任期3年，每年改选1/3。执行局经管理大会授权，主持农发基金的日常业务活动。执行局主席由农发基金总裁兼任，但无表决权。执行局一般在每年的4月、9月、12月份召开会议审批贷款和赠款项目及有关政策事项。

3. 秘书处

秘书处由总裁和下设的资源策略部、项目管理部、管理和人事服务部等组成。总裁是农发基金的法定代表和行政首长，任期4年，只可连任一届。总裁任命一名副总裁和三名助理总裁，并领导全体工作人员，主持日常事务。农发基金现任总裁为瑞典人鲍格。前三任总裁分别为科威特人阿尔苏丹、沙特阿拉伯人阿尔苏德里和阿尔及利亚人雅泽利。

农发基金共有265名工作人员，其中专业人员111人，来自49个成员国。中国有2人在农发基金秘书处工作。为避免机构庞大和占用过多的资金，农发基金注重利用其他联合国机构（如联合国开发计划署、联合国项目服务办公室、粮农组织、联合国发展支持与管理服务部、世界银行等）为其项目提供技术服务，进行项目准备和监测评价、贷款管理等事]宜。

第三节 亚洲开发银行

一、亚洲开发银行简介

图 6–5 亚洲开发银行的标志

亚洲开发银行创建于1966年，总部设在马尼拉。它的宗旨是促进亚洲及太平洋地区的经济增长和合作，促进该地区发展中成员国加快社会和经济的发展。它是亚太地区最重要的政府间金融开发机构。亚洲开发银行由51个成员国家和地区组成，其中35个成员来自亚洲及太平洋地区，包括澳大利亚、中国、印度、日本等，亚太地区成员中有16个是发展中国家和地区，16个成员来自欧洲，北美洲和中东，包括加拿大，法国，德国，意大利，英国，美国等。

亚行的资金由三部分组成：一是普通资金，用于亚行的硬贷款业务；二是亚洲开发基金，用于亚行向贫穷的发展中成员提供优惠贷款，即软贷款；三是技术援助特别基金及日本特别基金，用于技术援助的赠款业务。此外，还有从其他资金渠道为项目安排的联合融资。

亚洲开发银行的贷款，如前所述，分为普通资金贷款，即“硬贷款”和亚洲开发基金贷款，即“软贷款”。原则上，亚行所有发展中成员都有资格获得硬贷款，但是香港地区、新加坡、韩国等一些高于中等收入水平的发展中成员已不再需要亚行的援助。亚行的软贷款是向低收入国家提供的，由于资金需求量大，亚行规定，原则上只有人均国民生产总值低于 786 美元(按 1988 年价格计算)，而债务偿还能力又较低的成员国才能获得软贷款。

亚行目前把它的发展中成员分为三组：A 组为贫困国家，共 19 个，包括孟加拉、中国、印度、巴基斯坦等，完全有资格使用软贷款；B 组为具有中等经济发展水平的国家，如印尼、菲律宾、泰国等可以混合使用软硬贷款；C 组为较高的中等收入国家和地区，没有资格使用软贷款。它虽然作了这些规定，但并没有完全按此执行。如巴基斯坦属于 A 组，但它要求的软贷款较多，无法满足，所以，现在是使用软硬混合贷款。亚行软贷款的贷款条件十分优惠，只收取年手续费 1%，偿还期为 35~40 年，包括宽限期 10 年。

二、农业贷款在亚行贷款中的地位

农业在亚太地区发展中国家占有十分重要的地位。这里不少国家基本上仍是农业国，农业是它们收入的主要来源，也是提供就业机会的主要部门。亚行认为，对多数发展中成员来说，农业和农用工业的发展是它们经济增长的主要推动力。

但是，在这个地区的一些发展中国家，特别是最不发达的国家，农业的发展却不能令人满意。由于受到社会因素和自然灾害的影响，这一地区农业生产长期停滞不前，甚至有时出现负增长，以致相当多的农村人口处于贫困之中。这不但影响这些国家的经济发展，有的甚至影响到社会的稳定。因此，以促进亚太地区社会经济发展为宗旨的亚洲开发银行,从一开始就很重视农业问题。它对农业项目给予优先考虑,对农业贷款数额予以照顾,在农业贷款条件上给予优惠。可以说,农业在亚行贷款中是最受重视的部门。

亚行给农业及农用工业的贷款一般都占亚行每年总贷款额的1/3左右,在亚行给予贷款的各行业中居首位。从1968年到1990年亚行累计批准贷款323.09亿美元,农业及农用工业获得其中的94.36亿美元,占贷款总额的29.2%,居各行业之首;其次是能源,占22.9%;第三是妇女与通讯,占6.6%。

从年度来看,1986年亚行的农业及农用工业贷款项目共有21个,总贷款额为8.248亿美元,占亚行当年总贷款额的41.16%,是最高的一年。1987年农业贷款项目有所减少,只有7个,贷款金额为5.289亿美元,占当年贷款总额的22%。亚行在介绍自己业务的一本小册子中说明,1987年农业贷款比例的下降是一种暂时现象,它反映了对一个行业贷款的周期性质,并不说明亚行已不重视农业,相反,亚行表示,农业仍然是亚行贷款的最重要的行业。到1990年亚行贷款总额为40.04亿美元, 农业及农用工业获得到最高份额,占32%左右。

亚行对农业的大力支持, 还表现在给农业的贷款条件比较优惠这一点上。从1968年到1990年农业及农用工业获得的贷款中,“条件优惠贷款”即软贷款为54.67亿美元,占同期亚行批准的软贷款110.47亿美元的49.5%,大大超过了其他行业。

亚洲开发银行是地区性的开发银行,它除了贷款之外,特别重视技术援助工作,即用赠款的方式对受援国进行技术援助。亚行的技术援助包括各行各业,而农业始终占第一位,1967年到1990年亚行共批准技术赠款项目1 427项,农业及农用工业获得590项,占41.3%,技术援助赠款的总金额为4.299亿美元,其中对农业及农用工业的援助赠款为1.98亿美元,占46.1%。

从以上不难看出，农业是亚行最重视的一个部门，农业贷款及赠款在亚行的业务活动中占有重要的地位。

三、亚洲开发银行的农业援助政策

1987年9月亚行组建的一个专家小组，在对亚行20世纪90年代的作用进行研究时，进一步指出，本地区在基础设施建设、扶贫，环境保护方面存在不少问题，需要认真加以解决。在调查研究的基础上，亚行对亚太地区的农业贷款拟定了一系列政策，归纳起来有下列几点：

1. 消除贫困

这是亚洲开发银行20世纪90年代业务的重点，亚行认为，过去十年来，发展中成员国经济发展情况总的来说是良好的，但是这些国家仍存在相当规模的贫困问题。针对亚洲严重的贫困状态、亚洲开发银行决定把消除贫困作为自己的一项最重要的任务，并在总结以往同贫困作斗争的基础上，确定了自己对付贫困的政策。

(1)亚行认为一个国家要提高生活水平，解决贫困问题，主要应靠这个国家自身的努力和资源。亚行通过提供财务及技术援助，帮助这些国家提高生产效率，获得经济增长，使穷人受惠，但这些都只能起到补充或辅助作用。

(2)亚行认为有必要专门设计一批能直接增加贫苦人民收入和就业机会的项目，以及能使穷人直接得到受教育、享受医疗卫生服务的基本社会服务的项目。亚行认为设立这些新的扶贫项目是消除贫困的新方法。

(3)要增加扶贫的项目，近期内要把消除贫困的项目及有这类内容的项目数量增加到亚行资助的项目总数的1/3，贷款额要达到亚行贷款总额的20%左右。

(4)农村是贫困人口集中的地区，农业是解决贫困问题的重点行业，在投资问题上要给予更优先的考虑。

2. 保护环境

近年来，亚行对环境问题越来越关心。亚行认为，发展中成员国的环境保护问题已引起各方面的关注，为了使经济能持续地发展，最主要的是保护和改善环境、而不能以环境恶化为代价来实现经济增长。亚行于 1990 年建立了环境办公室，以协调环保工作。亚行为迎接环境问题带来的挑战，拟定了环境问题的行动纲领。亚行要增加贷款以促进那些以环境保护为主的项目、有环境保护内容的项目，以及纯粹的环境保护项目的开展。重点是热带森林生态系统管理，生物保护、消除贫困和环境保护等。农业项目中的水土保持、土壤改良、水资源保护、造林和森林保护也属于环境保护项目。亚行给予环境保护项目的贷款额，1991 年约为 5.5 亿 ~6.5 亿美元，从 1992~1995 年估计每年约为 6.2~9.25 亿美元。贷款额将随着借款国的吸收能力的提高以及亚行经验的积累而增加。

3. 支持农业基础设施的建设

亚行将继续向灌溉、防洪、水土保持、土壤改良提供资助，以改善农业生产的基本条件。亚行还支持乡村公路网等有利于发展农村工业的基础设施的建设。

4. 加强农业的集约化

亚行的贷款及赠款强调支持改善灌溉设施，支持更充分地利用现有灌溉设施，以提高农业生产率，支持先进的农业生产工具和先进农业技术的研究，使用和推广，帮助农业生产服务系统(包括种子、肥料以及信贷、储运、农产品加工和营销等)的建立和改善。亚行还支持关键农业物资，如灌溉用的柴油及农药的进口。

5. 扩大农村就业机会

亚行决定对劳动密集的农村工程建设，作为独立的项目给予资助，这实际上是以工代赈。

四、亚洲开发银行对农业各部门的政策

农业各部门之间都互有联系，为了提高农业集约化的程度，提高农业产量及农业劳动生产率，不能单打一地只支持某一个部门，所以，亚行对农业中各个部门都给予相当的重视。

由于亚洲各国旱涝灾害频繁，亚行很重视水利在农业生产中的作用。在水利方面，亚行一般是帮助制定行业发展战略及地区规划，对一些效益好、收效快的重点地区帮助进行水资源开发和土地开发，亚行支持进行农村水利建设，特别支持更多的农民参加水利建设，这样除农业获益外，还可增加就业人数。亚行很重视改善现有水利设施，提高其利用率。此外，亚行还支持提高现有水利机构的开发管理能力，并帮助制定水利政策及管理措施。

由于林业同环境保护有很大关系，亚行对林业也很重视。它认为林业发展战略应是合理利用现有资源，建立新的生产基地，强调农业的发展应与林业和土地综合利用相结合。它特别重视森林在环境保护方面的作用。

亚行对海洋渔业也相当重视，帮助研究渔业政策，提供技术，开发潜力。近年来开始注意支持发展淡水养鱼。

除此之外，亚洲开发银行还很重视农用工业、农业生产的服务系统、化肥业等行业的发展。因为这些行业对促进农业集约化的发展，提高农业劳动生产率有很大作用，亚行对这些行业也给予了大力支持。

参考文献

[1]李秉龙,薛兴利. 农业经济学.中国农业大学出版社,2003.

[2]何广文. 中国农村金融发展与制度变迁.中国财政经济出版社,2005.

[3]成思危. 改革与发展:推进中国的农村金融.经济科学出版社,2005.

[4]何广文. 合作金融发展模式及运行机制研究.中国金融出版社,2001.

[5]于海. 中外农业金融制度比较研究.中国金融出版社,2003.

[6]张杰. 中国农村金融制度:结构、变迁与政策.中国人民大学出版社,2003.

[7] 宋宏谋. 中国农村金融发展问题研究. 山西经济出版社,2001.

[8] 马忠富. 中国农村合作金融发展研究. 中国金融出版社,2001.

[9]何安耐,胡必亮. 农村金融与发展.经济科学出版社,2000.

[10]张元红. 当代农村金融发展的理论与实践.江西人民出版社,2002.

[11]国外农村金融编写组.国外农村金融.西南财经大学出版社,1993.

[12]国外农村金融编写组.外国农业金融.西南财经大学出版社,1988.

[13]农村金融概论编写组.农村金融概论.西南财经大学出版社,1994.

[14]陈四瑞. 外国农村金融.中国农业出版社,1996.

[15]《农村经济技术社会知识丛书》编委会.农村金融.中国农业出版社,2000.

[16]农业部软科学委员会办公室.农村金融与信贷政策.中国农业出版社,2001.

[17]张晓山,何安耐. 农村金融转型与创新:关于合作基金会的思考.山西经济出版社,2002.

[18]吴强. 农村金融改革和发展.中国财政经济出版社,1990.

[19]王家传. 农村金融.北京农业大学出版社,1994.

[20]《世界经济年鉴 2005/2006》.社会科学出版社,2006.

[21]《世界银行发展报告》. 中国财政经济出版社,1989 ~ 2002 年.

[22]何广文.《德国金融制度研究》.中国劳动社会保障出版社,2000.

[23]李军、段志煌. 农业风险管理和政府的作用——中美农业保险交流与考察.中国金融出版社,2004.

[24]中国农村金融学会课题组.《法国农村金融体制特点及其启示》.农村金融研究.1995.(7).

[25]程旭东,戴飞. 美国、日本、法国农业合作金融制度的比较及启示.广东金融.1997.12.

[26]田野,胡迁,马明华. 法国农业互助保险及对中国的启示.农村经济.2005.10.

[27]刘英杰. 德国农业和农村发展政策特点及其启示.世界农业.2004.2.

[28]冯平涛,李文双. 农村合作金融发展模式的国际比较及经

验借鉴、深圳金融 2005.8.

[29]李延敏，罗剑朝. 国外农地金融制度的比较及启示、财经问题研究.2005.2.

[30]刘恩成. 荷兰合作银行:从小国走出的大银行、《银行家》.2005.11.

[31]中国合作金融考察团.对德国 DG 银行、荷兰拉博银行的考察报告、中国农村信用合作.1997.1.

[32]赵昕. 亚洲各国农村金融模式.银行家.2006.1.

[33]苏美祥. 台湾农业金融体系的形成、影响与借鉴分析.台湾农业探索.2005.3.

[34]杨胜刚. 台湾农业信用保证制度及其对大陆农村金融改革的借鉴.台湾农业探索.1999.3.

[35]张苏林.韩国农业的特点及对我国农业的启示.当代韩国.2004.

[36]白广玉. 印度农村金融体系和运行绩效评介.农业经济问题.2005.11.

[37] 黄伟等. 印度农业融资模式对我国的启示. 经济视角.2005.2.

[38]朱大鹏. 印尼人民银行小额信贷做法与启示.中国邮政.2006.2.

[39]张惠茹. 印尼人民银行——村银行的成功经验及启示.农村经济.2005.12.

[40]殷有祥、朱秀杰. 哥伦比亚、墨西哥两国信用社管理体制现状及启示.中国农村信用合作.2005.11.

[41]中国农业银行赴丹麦考察团.丹麦的农业和农村金融.农村金融研究.1988.8.

[42]张勇.孟加拉小额信贷模式的最新发展、中国农村经济.

2003.6.

[44]李国虎．华中农业大学 2000 级博士学位论文《农业政策性金融研究》.

[45]赵其宏．中国社会科学院研究生院 2000 级博士学位论文《经济转轨中的农村金融风险》.

[46]张孝成．西南农业大学 2002 级博士学位论文《农业政策性金融理论及实证研究》.

[47]类淑志．复旦大学 2004 级博士学位论文《中国农村金融体系的变迁与重构》.

[48]董杰．西南财经大学 2004 级博士学位论文《金融发展与农村经济增长研究》.

[49]董晓林．南京农业大学 2005 级博士学位论文《我国农村经济发展中的金融支持研究》.

[50]游栋明．福建农林大学 2002 级硕士学位论文《中国农业政策性金融体制研究》.